*Un regalo especial
para mi hija*

Saritay melissa Riveras

_____

_____

Con amor,

de mamá Marlene Rivera

3-14-07

Fecha

historias, dichos y pasajes que

amor

por las *Hijas*

alientan e inspiran el...

CHRYS HOWARD

Pasajes bíblicos personalizados por
LEANN WEISS

Editorial UNILIT

SEPA

Publicado por
Editorial Unilit
Miami, Fl. 33172
Derechos reservados

© 2003 Editorial Unilit (Spanish translation)
Primera edición 2003

© 2001 por Chrys Howard
Originalmente publicado en inglés con el título: *Hugs for Daughters*
por Howard Publishing Co.,
3117 North 7th Street,
West Monroe, LA 71291-2227

Todos los derechos de publicación con excepción del idioma inglés son contratados exclusivamente por GLINT, P. O. Box 4060, Ontario, California 91761-1003, USA.
(All non-English rights are contracted through: Gospel Literature International, PO Box 4060, Ontario, CA 91761-1003, USA.)

Ninguna parte de esta publicación podrá ser reproducida, procesada en algún sistema que la pueda reproducir, o transmitida en alguna forma o por algún medio electrónico, mecánico, fotocopia, cinta magnetofónica u otro excepto para breves citas en reseñas, sin el permiso previo de los editores.

Traducido al español por: Cecilia Romanenghi de De Francesco
Paráfrasis de las Escrituras por: LeAnn Weiss

A menos que se indique lo contrario, las citas bíblicas se tomaron La Santa Biblia Nueva Versión Internacional © 1999 por la Sociedad Bíblica Internacional.
Usada con permiso.

Producto 497823
ISBN 0-7899-1070-5
Impreso en Colombia
Printed in Colombia

Dedico este libro a *mis preciosas hijas*:
Korie, que nació el 24 de octubre de 1973
de espíritu afable y corazón tierno, y a
Ashley, que nació el 1 de marzo de 1978,
con un destello en la mirada y
una elasticidad en su andar.

Gracias a ti, *Dios*,
por bendecirme con hijas que han
sido más que eso:
han sido y
siguen siendo mis
mejores amigas.

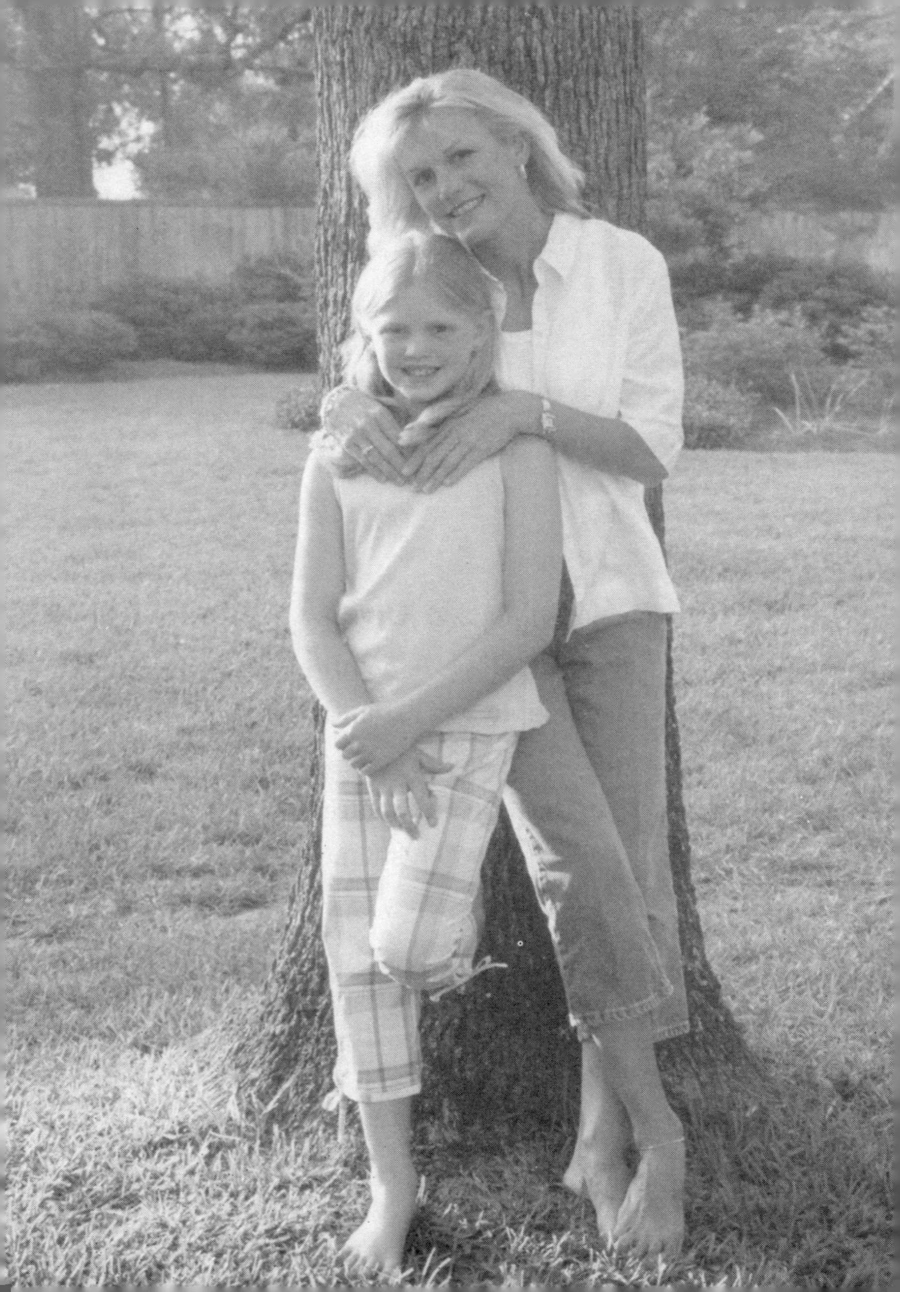

Contenido

uno
El deleite de una hija
página 11

dos
El destino de una hija
página 27

tres
Las diferencias de una hija
página 43

cuatro
La deuda de una hija
página 63

cinco
Los sueños de una hija
página 81

seis
El diario de una hija
página 97

siete
La devoción de una hija
página 113

una hija

¿De dónde sacó esos ojos brillantes y azules,
y ese hoyuelo en el mentón?
¿De dónde salieron esos rizos naturales
y esa piel de algodón?

Salieron de mí, digo con orgullo.
Sí, nuestro parecido es innegable.
Algunas veces pienso que somos iguales;
Que tan solo los nombres son diferentes.

Pero, un momento, ¿y esa risa?
Y mi cabello es rubio, no castaño.
Y no me gusta correr ni pescar,
Ni escarbar la tierra para encontrar gusanos.

Esos rasgos vienen de su padre,
Y un corazón tierno, al parecer.
Así que pienso que es justo decir
Que él también tuvo algo que ver.

Ninguno de los dos puede entender
De dónde salió esa nariz respingada;
Ni cómo puede cantar a voces
Ni por qué jamás está enojada.

Creo que no es «igual a mamá»...
Sé que es para bien...
Además, es una hija de Dios,
Y Él creó su ser también.

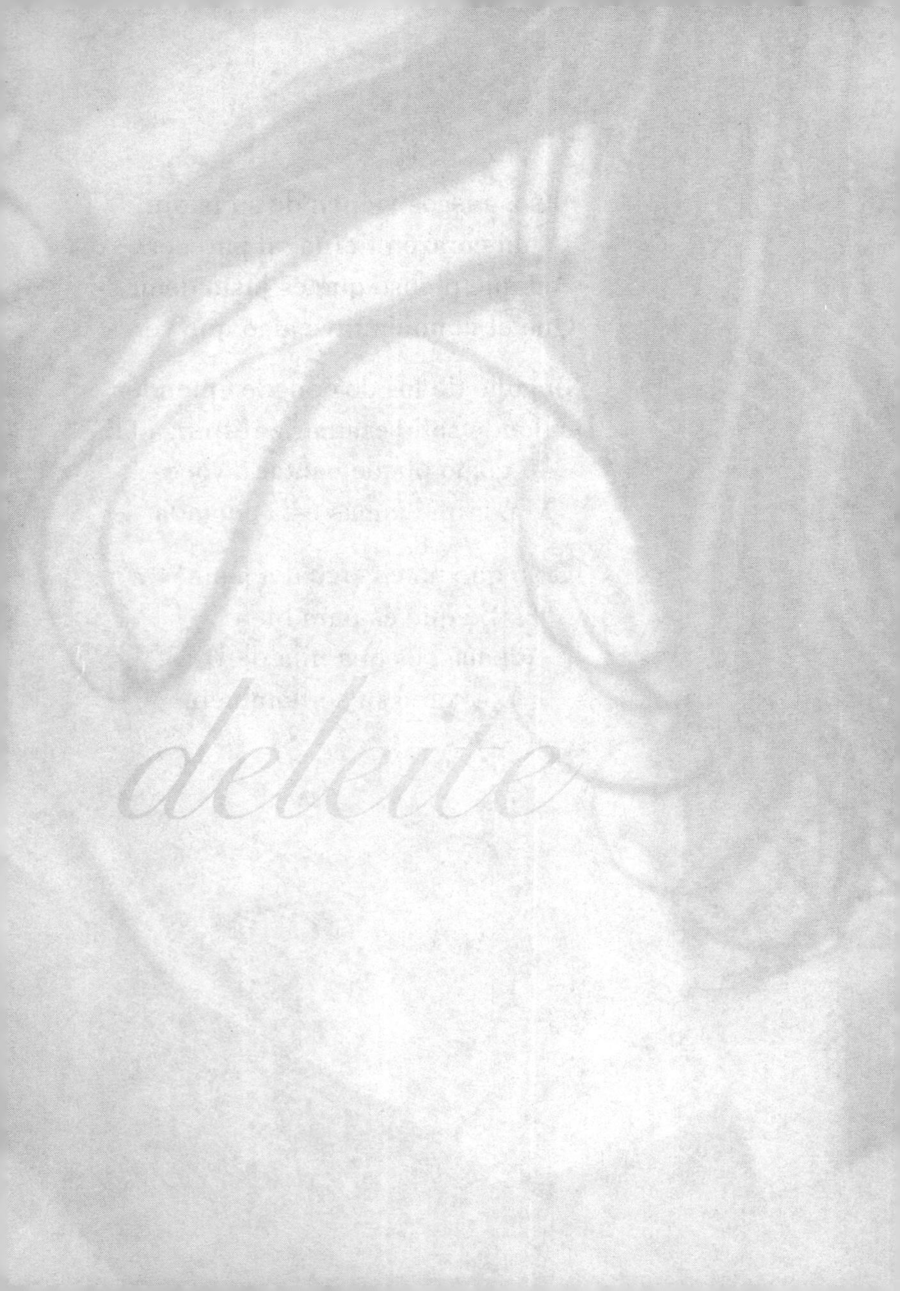
deleite

capítulo uno

El deleite de una hija

Mi preciosa
hija:

Estoy contigo y soy poderoso para salvarte.

Me *deleito* grandemente en ti,

te tranquilizo con mi amor

Y me *regocijo* en ti.

Cuando te *deleitas* en mí,

te daré las cosas que tu *corazón*

anhela en verdad, mis preceptos son justos,

le dan alegría a tu *corazón;*

Y mis mandamientos son *radiantes*,

iluminan tus ojos.

Mira cómo satisfago tus *deseos*

con cosas buenas.

Con amor,
El Dios de tu refugio

Extraído de Sofonías 3:17; Salmos 37:4; 19:8; 103:5

Hija, ¡eres tan amada! Desde el primer momento en que se anunció tu llegada hasta el día de hoy, tu madre y tu padre han estado «enamorados» de ti. Si se enteraron que eras una niña a través de la pantalla de vídeo de un ecógrafo, o si fue la boca del médico que te ayudó a salir al mundo la que dijo «¡Es una niña!», de uno u otro modo esa palabra «niña» conjura ropa de color rosa, lazos en el cabello, muñecas. Las madres piensan en la combinación de las prendas; los padres, en los besos tiernos.

Ya es prácticamente obsoleta la escena del padre que camina de un lado al otro por un pasillo mientras el nacimiento del nuevo bebé tiene lugar detrás de puertas cerradas. Ya es cosa del pasado aquello del médico que entra en la sala de espera de los «futuros padres» y anuncia la llegada del último

mensaje de inspiración

paquete. No, la tecnología moderna les da a los padres meses a fin de prepararse para la niña o el niño. Las habitaciones de los bebés se diseñan con cuidado y se llenan los armarios con ropas diminutas semanas antes del nacimiento. Hasta es una práctica común llamar a los bebés por su nombre cuando todavía están en el útero. Y todo porque te aman desde lo más profundo.

Es probable que hayas oído decir que cuando le preguntaron a Jesús cuánto nos amaba, abrió los brazos y dejó que lo clavaran en la cruz. En otras palabras, nos ama tanto, y te ama, que dio su vida por ti. ¿Y sabes una cosa? Tus padres harían lo mismo. ¡Qué pensamiento tan increíble!

Las cosas más hermosas del mundo no se pueden ver, ni siquiera tocar. Deben sentirse con el *corazón*.

Helen **Keller**

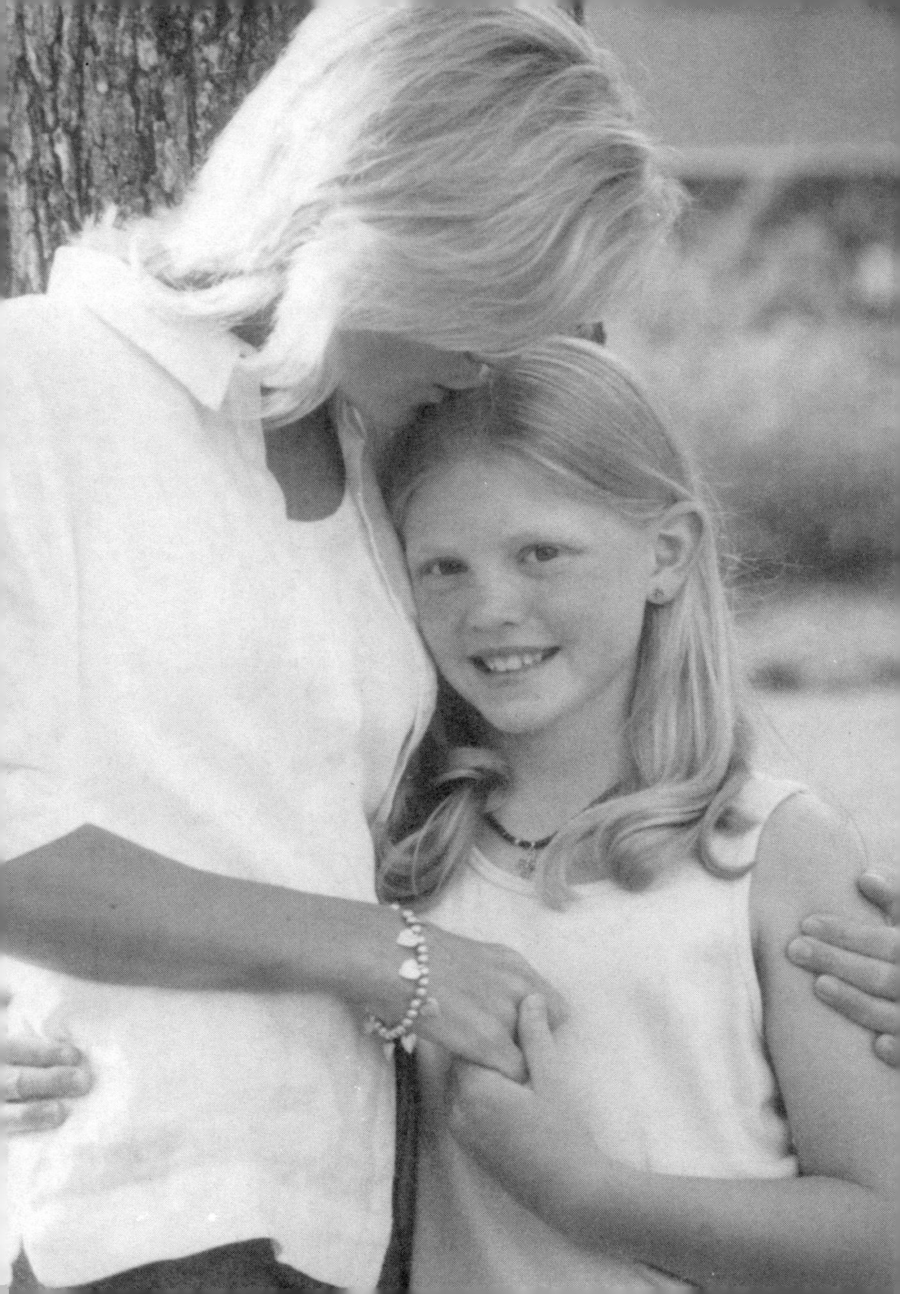

Durante semanas, *Sandra*
admiró la muñeca que estaba
en la vidriera de la juguetería,
pero nunca la pidió, solo
hizo comentarios acerca
de su belleza.

Nena

*P*arecía una reina que regresaba a su patria, o tal vez una princesa. Sin lugar a dudas, tenía un aire de «estrella de cine». Dios la había bendecido con una larga y espesa cabellera de color castaño rojizo y ojos azules, el color de un cielo claro de Texas. Y le encantaba cantar y tocar instrumentos. El violín, el banjo y el piano parecían obedientes esclavos al servicio de su toque maestro. Su sobrenombre era «Nena» por la única razón de que era la bebita de la familia. Nena hubiera tenido noventa y cuatro años si hubiera sobrevivido a la tragedia. Sus hermanas tienen noventa y ocho y noventa y seis años, así que, como puedes ver, Nena podría seguir con vida.

Su corazón generoso sobrepasaba su belleza. A menudo, se utilizaban las palabras *amable, suave* y *tierna* para describirla, pero no eran lo bastante adecuadas. Quizá si

El deleite de una hija

se añadían las palabras *paciente, amorosa* y *cortés* la descripción hubiera quedado más completa, pero de todas maneras, no en su totalidad. No existen palabras para describir a alguien que da su vida por otro. No existe adjetivo lo suficiente poderoso como para expresar esa profundidad de amor. Jesús dio su vida por toda la humanidad y se honra con palabras como *Salvador, Consejero* y *Príncipe de paz*. Nena también dio su vida, pero solo por una persona: su hija.

El 18 de octubre de 1952, Nena, su esposo Claudio y su hija de nueve años, Sandra, se levantaron temprano en la mañana para realizar el viaje de tres horas que los llevaría a visitar a su hija, Daniela. Aunque era el mes de octubre, el aire de Texas se tornaría caluroso a media mañana y los autos con aire acondicionado pertenecían solo a los ricos; así que Claudio insistió en que salieran bien temprano. A Nena le encantaba viajar a la granja lechera que llevaban adelante su hija y su yerno. Le encantaba el campo de Texas donde los caballos, las vacas y las flores silvestres proporcionaban el telón de fondo perfecto para un amanecer tejano. Se deleitaba en la fragancia del césped recién cortado que llenaba el auto en aquella mañana de otoño. Sin embargo, por sobre todas las cosas, disfrutaba al máximo de la conversación con su esposo y con su hija Sandra.

Nena

Esta niña había llegado «tarde» en la vida, como algunos decían. Nena tenía treinta y seis años cuando nació Sandra, pero ella se sentía joven y le gustaba tanto ser mamá que nunca cuestionó lo oportuno de su embarazo ni su habilidad para criar otro hijo. En realidad, le había rogado a Claudio que le permitiera tener otro bebé. Como ya tenían otros tres hijos ya casi criados, Claudio necesitó que lo convencieran. Aun así, Nena perseveró y el 17 de junio de 1943, Sandra llegó al mundo. A partir de ese momento se convirtió en el proyecto número uno de Nena. Le enseñó a cantar juntas a voces sus himnos favoritos y también le enseñó a quedarse inmóvil a fin de atrapar un pez para el almuerzo. Le enseñó el valor de una casa limpia y el arte de cocinar sin gastar mucho dinero. Ninguna madre valoraba a su hija como Nena lo hacía con Sandra. La vestía como a una muñeca y también la trataba como si fuera un juguete. Eran inseparables.

—Llegaremos antes de que ordeñen a las vacas, ¿no es cierto? —le preguntó Nena a Claudio.

—Es muy probable —contestó él.

Claudio era un hombre de pocas palabras, pero de muchos talentos. Nena pensaba que podía hacer cualquier cosa. Era capaz de construir una casa, arreglar un auto, enseñar en la clase de la Escuela Dominical y entretener a sus nietos, todo con la misma habilidad. Después del

El deleite de una hija

nacimiento de Sandra, tuvieron dos nietos. A Nena le encantaba ser abuela tanto como ser madre. El viaje de hoy hacia la granja lechera tenía como propósito realizar un estudio de situación para ver si deseaban mudarse el verano siguiente con el propósito de estar más cerca de sus nietos. Nena siempre decía que deseaba tener a todos los patitos formando fila detrás de ella, lo que significaba que deseaba que todos sus hijos estuvieran lo bastante cerca como para vigilarlos. Además, habían pasado demasiados años en hogares navales. Nena necesitaba mudarse a tierra firme.

Claudio sabía que podía encontrar trabajo en cualquier parte, así que la idea de mudarse no le molestaba en absoluto. Lo único que deseaba era ver feliz a Nena. Ella solo tenía diecisiete años cuando se casaron. Él tenía veintisiete. Jamás se había lamentado por haberse casado con la belleza del oeste de Texas. La había honrado, cuidado, respetado y amado durante los últimos veintiocho años.

Sandra jugó en el asiento trasero la mayor parte del viaje. Nena la había sorprendido con una nueva muñeca para el viaje. Durante semanas, Sandra admiró la muñeca que estaba en la vidriera de la juguetería, pero nunca la pidió, solo hizo comentarios acerca de su belleza. Sin embargo, a Nena le gustaban las muñecas tanto como a Sandra, así que esperó una ocasión especial para comprársela a su hija.

Nena

Esa ocasión fue este viaje al campo. Nena sabía que la muñeca mantendría entretenida a Sandra, y eso fue lo que sucedió durante casi dos horas, hasta que Nena decidió que Sandra necesitaba un cambio de paisaje.

—Sandra, ¿te gustaría viajar un rato en el asiento de delante? Es un día hermoso.

Para Sandra siempre era un honor viajar en el asiento delantero en medio de sus padres. Ese lugar tenía algo que resultaba muy cómodo y seguro.

—¡Claro que sí! —gritó Sandra con alegría mientras saltaba por encima del asiento con la muñeca en la mano.

En aquel entonces, no existían los cinturones de seguridad ni los airbag. Las madres y los padres no tenían ningún problema en que sus hijos se sentaran delante con ellos. Estaban muy acostumbrados a cruzar el brazo sobre el asiento para asegurar a sus hijos cuando el auto se detenía frente a una señal o un semáforo. Sandra se acurrucó en la falda de su madre y comenzó a mostrarle el lazo que le había puesto en el cabello a su muñeca.

Lo que sucedió en los siguientes minutos, cambiaría el curso de la historia de Sandra y de Claudio. De la nada, salió un automóvil que se dirigió justo en dirección a ellos. Claudio trató de esquivarlo, pero el conductor ebrio que iba en el otro vehículo estaba fuera de control y en segundos, los dos autos chocaron. Claudio quedó atrapado bajo

El deleite de una hija

el volante con las costillas rotas, la cadera aplastada y las piernas destrozadas. La puerta de su lado estaba abollada al punto que no se podía abrir y él no podía salir. Nena había cerrado su puerta con seguro al comienzo del viaje (la única medida de seguridad disponible en aquel entonces) lo que le dificultó la tarea al «buen samaritano» que se detuvo a los pocos minutos para auxiliarlos. Al final, rompió el parabrisas y extrajo el cuerpecito de Sandra de abajo del cuerpo de su madre.

No se pudo hacer nada por Nena. En los segundos previos al impacto, había echado su cuerpo sobre la persona más preciosa para ella, su hija. Debe haber sabido el riesgo que corría. Debe haber sabido el peligro al que se exponía. Debe haber sabido que era su vida o la de su hija. Aun así, de todas maneras, lo hizo.

El amable hombre que se detuvo para ayudar oró durante cuarenta y cinco minutos al oído de una niña de nueve años que estaba confundida, lastimada, sangrando y llorando, pero que seguía con vida.

Así es, Nena murió por una sola persona, ¿pero acaso eso no es suficiente? El amor de una madre no se ha ilustrado de una manera mayor que en aquel auto, una mañana de octubre de 1952.

Es posible que sacaras los rasgos de tu madre, pero sacas la eternidad de tu Padre, tu Padre celestial

Max Lucado

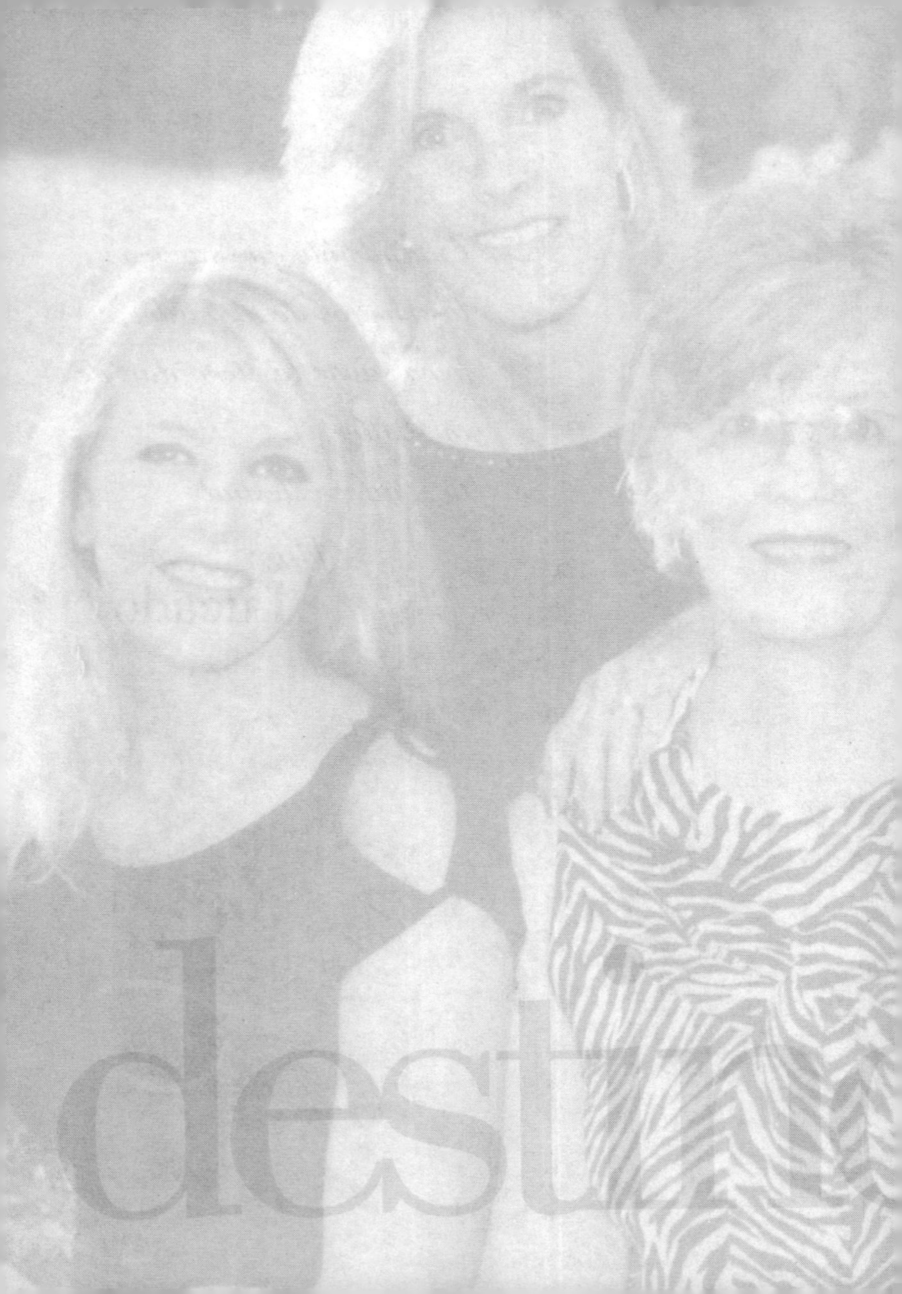
dest

capítulo dos

El destino de una hija

Hija *mía* con *destino:*

Aun antes de que nacieras, *yo ordené* cada uno de los días de tu vida.

destino

Conozco los planes que tengo para ti.

Observa cómo completo *fielmente*

la *buena* obra que he comenzado en ti.

Con cariño,
Tu Padre celestial

Extraído de Salmo 139:16; Jeremías 29:11; Filipenses 1:6

¿Qué harás en el día de hoy? ¿Todavía no estás segura? Sin pensarlo mucho, es probable que te levantes y continúes lo que comenzaste ayer. Tal vez dobles la ropa que dejaste en la secadora. Quizá tiendas la cama en la que dormiste o leas otro capítulo de la novela que tienes entre manos. Si eres estudiante, es probable que termines la tarea que comenzaste anoche. Hagas lo que hagas, lo más probable es que continúes algo que comenzaste ya.

Como hija, eres una continuación de lo que comenzó mucho antes de que nacieras. Así es la vida: se pasa de una generación a la otra. La vida es una serie de acontecimientos conectados, una continuación, otro capítulo, una consecuencia, si así lo prefieres. Como te guste decirlo, la vida continúa.

Hija, ¿cuál es tu destino? ¿De qué manera encajarás en el círculo continuo de la vida? Nadie conoce

mensaje de inspiración

respuesta absoluta a esta pregunta. Es probable que logres más cosas de las que tus padres jamás soñaron. Tal vez tu destino no incluya seguir adelante con la línea familiar en el sentido físico, pero parte de tu destino es sencillamente seguir adelante con muchas de las tradiciones y actividades que comenzaron tus padres y abuelos. ¡Qué formidable bendición!

¿Te acuerdas de las palabras que aparecían al final de los dibujos animados del cerdito Porky: «¡Eso es todo, amigos!»? Bueno, hija, tu nacimiento les aseguró a tus padres y a tus abuelos que todavía no pueden decir lo mismo; estás aquí para seguir adelante con lo que ellos y sus padres comenzaron. Así que sigue en sintonía, ¡y nos vemos la próxima semana!

Dentro de ti se encuentran todos los elementos necesarios para que llegues a ser todo lo que el Padre soñó que seas en *Cristo*.

E. W. Kenyon

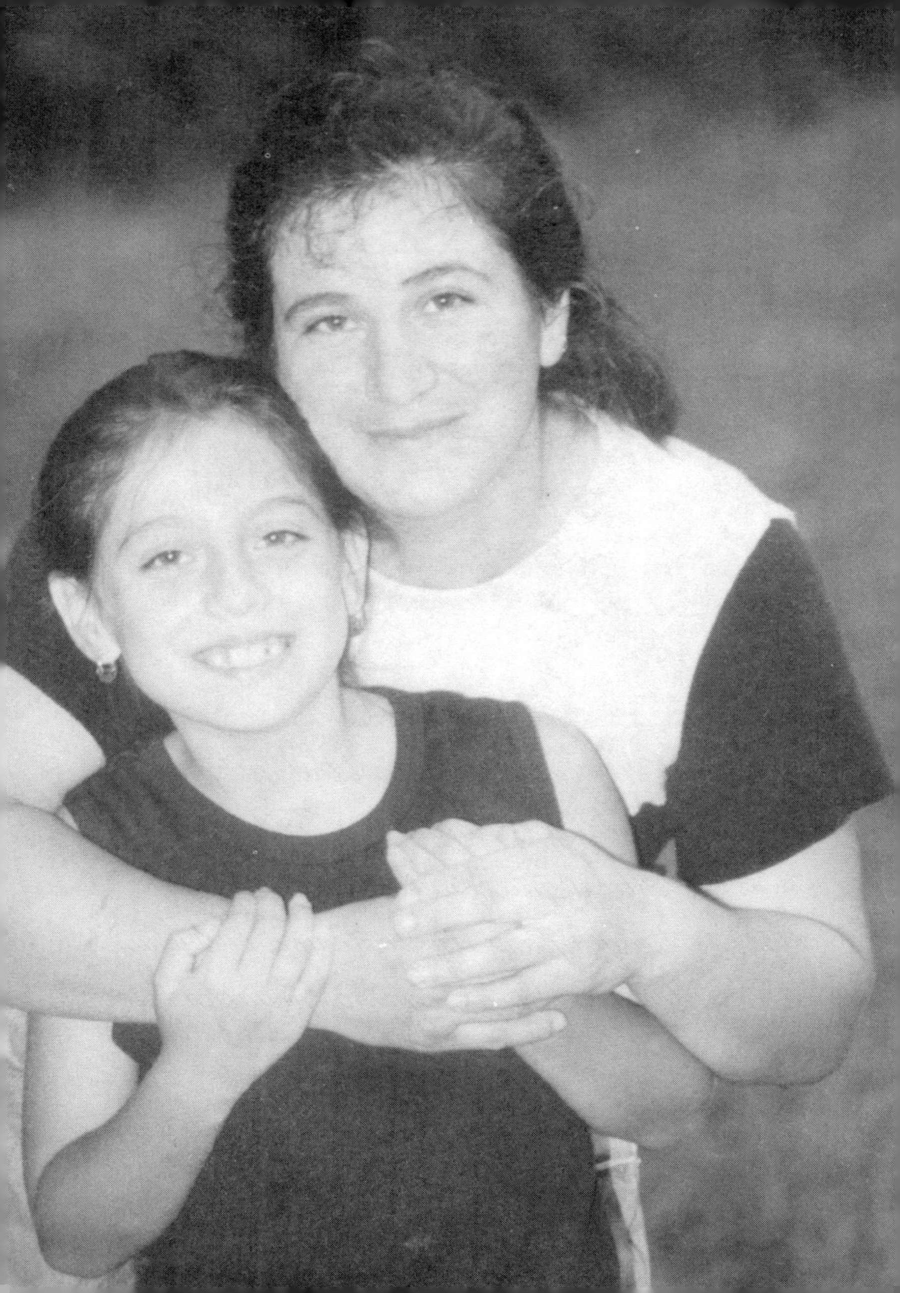

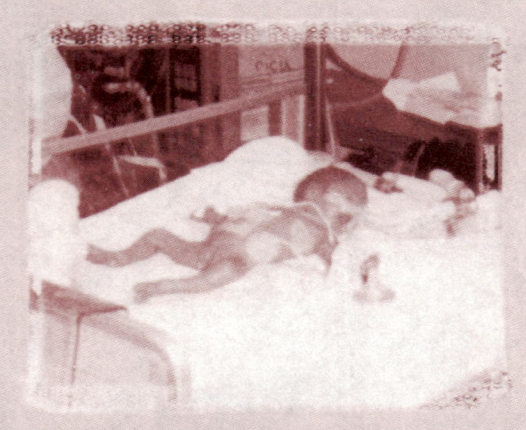

Con la mayor suavidad que pudo, el médico les informó a Federico y a Alicia que Paula necesitaría una cirugía para repararle una válvula del corazón que era más pequeña que el pelo de un gato.

Con este anillo

Llegó demasiado temprano, deseosa de abrirse paso en un mundo del cual lo desconocía todo. ¿Cómo podía saber que era demasiado pequeña para sobrevivir? ¿Cómo podía saber que pasarían semanas antes de que sus padres dejaran de llorar y antes de que sus abuelos dejaran de sentir dolor tanto por sus hijos como por su primera nieta? No podía saberlo. Solo sabía que era su momento de nacer.

Federico y Alicia se habían casado jóvenes, en contra de la opinión de todos menos la de ellos. Sin embargo, Alicia estaba embarazada y se amaban de verdad. Les enfatizaron a los padres de ambos que no se casaban porque «tenían que hacerlo»; se casaban porque se amaban. No pasó mucho tiempo antes de que los recién casados descubrieran que la vida tenía muchas lecciones que enseñarles. Muy pronto, pusieron a prueba su amor.

El destino de una hija

El embarazo se había desarrollado sin incidentes. Alicia era joven y se sentía saludable, con excepción de los dos primeros meses cuando cada olor que sentía la descomponía. La joven pareja había vuelto a dedicar sus vidas a Dios y sus familias se les habían unido en el entusiasmo acerca del nuevo bebé.

Aun así, nadie se sintió entusiasmado cuando Alicia comenzó el trabajo de parto a las veintiocho semanas, ni cuando la bebita Paula nació pesando nada más que novecientos gramos, tal como quedó asentado. La pequeña Paula yacía en la incubadora con tantos tubos y cables a su alrededor que parecía una diminuta telefonista.

Varias veces al día, Federico y Alicia viajaban hasta el hospital para pararse junto a Paula y realizarle la visita de quince minutos que permitía la Unidad de Cuidados Intensivos: de las 8:00 a las 8:15, de las 12:00 a las 12:15, de las 3:00 a las 3:15, y así sucesivamente. Durante tres meses, Paula mantuvo un equilibrio relativo entre la vida y la muerte. Federico y Alicia aprendieron el verdadero significado del amor sacrificado: dar de su tiempo, de su energía y de su dinero.

Al acercarse al mes, el pequeño cuerpecito de Paula se empequeñecía cada vez más a medida que bajaba de peso hasta llegar a quinientos trece gramos. El médico le dijo a la joven pareja que le parecía que había un soplo en el corazón, lo cual era común en los bebés prematuros. Con la mayor suavidad que pudo, el médico les informó a Federico y a Alicia que Paula necesitaría una cirugía a fin de repararle una válvula del corazón que era más pequeña que el pelo de un gato. Federico y Alicia se sintieron devastados al darse cuenta de lo que tendría que pasar Paula, pero días antes, se la habían entregado a Dios. Oraron para que la librara del dolor y les diera a ellos la fuerza para soportar cualquier cosa que sucediera. Ambos sabían que la tarea más importante que tenían en la vida era guiar a Paula al cielo, y si tenía que morir ahora, su misión estaría completa.

Federico se encontraba tan fascinado con el tamaño diminuto de su hijita que, una noche, mientras Paula todavía estaba en el hospital, le puso uno de los anillos de Alicia en el bracito... y subió por todo el brazo hasta el hombro. Fue uno de esos momentos de la vida en verdad grandiosos para Federico. Al ver aquel anillo en el brazo de Paula, la realidad de la aterradora aventura que vivía se apoderó de su corazón con toda la fuerza. Sus pensamientos volaron hacia todas las ocasiones imaginables en las que quizá su hija recibiría un anillo: un cumpleaños, la graduación, el compromiso y luego el matrimonio, y le dolió el corazón. ¿Saldría adelante como para estar en

El destino de una hija

todos estos sucesos? Las lágrimas comenzaron a correr por las mejillas de Federico y, una vez más, oró por su hija.

La pequeña Paula perseveró. A los tres meses, con dos kilos de peso y una cicatriz que le surcaba la mitad del cuerpo, por fin estuvo en condiciones de trasladarse a su habitación decorada con telas a cuadritos rojos y blancos. Sin embargo, las lecciones de la vida todavía no habían terminado para Federico y Alicia, ya que Paula tenía que alimentarse cada tres horas. Ya no existirían más las veladas en las que miraban televisión sin interrupciones, ni más fines de semana para dormir hasta la hora que quisieran. Alguien más pequeña que un periódico había cambiado todo.

Pasaban las veladas caminando de aquí para allá, meciendo a la bebita y cantando, orando todo el tiempo por una sanidad completa. Ponían un reloj despertador que los levantaba varias veces en la noche para ir a ver a Paula y asegurarse de que respiraba. Los reflejos de la niña no estaban desarrollados, y algunas veces, no podía respirar ni tragar lo suficiente. Además, el médico les había advertido que solo el tiempo diría si Paula sufrió algún daño cerebral. A pesar de todo, se asombraban de cuánto la amaban y se asombraban aun más de ser capaces de cuidar a alguien tan pequeño y frágil.

Con este anillo

Pasaron los días, las semanas, los meses y, finalmente, los años, y Paula creció. La pequeña cicatriz se desapareció de su cuerpo, aunque quedó visible como para recordarle su lucha contra la muerte. Y lo que es más importante, para recordarle el poder sanador de Dios. Paula andaba en bicicleta, jugaba al baloncesto, subía y bajaba la calle corriendo y disfrutaba de su papel de hermana mayor.

El tiempo pasó, pero Federico nunca olvidó la sensación que tuvo aquella noche cuando puso el anillo de Alicia en el bracito de Paula. El cumpleaños número dieciséis de Paula se acercaba con rapidez y él deseaba hacer algo especial para honrar la vida de su primogénita. Era una verdadera sobreviviente, y él estaba muy orgulloso de su hija. Por lo tanto, planeó una noche de bendiciones para ella. Invitó a sus amigos más cercanos y a sus familiares, y les pidió que dijeran algo acerca de Paula que la animara al crecer y dirigirse a la vida adulta. Tenía una filmación de su vida en la cual estaba documentado su difícil comienzo y terminaba con la hermosa sonrisa de una joven de dieciséis años feliz. Paula se sentía muy especial y muy amada.

Al final de la velada, con lágrimas en los ojos, Federico contó la historia del anillo y de cómo se vieron desafiados sus sueños para la vida de su hija. Habló de Alicia y de su devoción por Paula, y de cómo ella, más que él, soportó noches sin dormir para cuidar a Paula. Luego sacó el

El destino de una hija

anillo del dedo de Alicia y se lo entregó a Paula. Al hacerlo, dijo estas palabras: «No existe amor mayor que el que un padre siente por su hijo. Paula, nos has enseñado mucho acerca de la vida y del amor, y de las bendiciones más ricas de Dios. Con este anillo, volvemos a dedicar nuestras vidas a ti. Al entrar a la edad adulta, queremos que sepas que estaremos a tu lado en cada aventura, grande o pequeña. El anillo sirve como un símbolo de tu crecimiento físico y como un recordatorio de nuestra devoción por ti. Este anillo te conecta con nosotros de una manera que muchos padres no conocen. No estábamos seguros de que alguna vez lo usaras en tu precioso dedo. Así que tu madre y yo ahora te lo entregamos».

Y el anillo que una vez subió hasta el hombro de Paula, ahora le ajustó a la perfección en el dedo. Papá, mamá, hija y toda una habitación llena de amorosos amigos derramaron lágrimas de gozo por el regalo que recibieron dieciséis años atrás y que lograron conservar.

Debemos soñar porque nos hicieron a la imagen de Aquel que ve las cosas que no son y las convierte en realidad.

Gary Hardaway

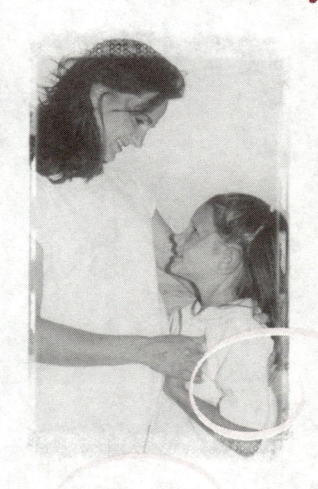

diferencias

capítulo tres

Las diferencias de una hija

Mi hija exclusiva:

Te he creado de una manera *maravillosa*, divinamente única, te he equipado con *dones* especiales para que me sirvas y sirvas a otros como solo tú puedes hacerlo.

diferencias

Eres mi *obra de arte*,

    creada en Cristo Jesús

    para hacer las buenas obras que he preparado

    de antemano en especial para *ti*.

Debido a mi extravagante *gracia*,

    siempre tendrás todos los recursos

    que necesitas para hacer una *diferencia*.

Con determinación,
Tu Creador

Extraído de Salmo 139:14; 1 Corintios 7:7;
Efesios 2:10; 2 Corintios 9:8

¿Alguna vez has conocido una familia en la que todos se parecen? Es fascinante, ¿no es cierto? Dos o tres hijos con el mismo color de cabello, el mismo color de ojos, la misma sonrisa. Hasta l[a] mamá y el papá se parecen, aunque no tengan lazos de sangre.

Los científicos siguen estudiando la genética y los cromosomas e[n] un esfuerzo por comprender mejor el desarrollo humano. La clona[-]ción, asunto que está muy de moda, se promociona como el próxi[-]mo paso en la ingeniería genética. El mundo está fascinado ante l[a] posibilidad de crear algo exactamente igual a otro. Dios tiene s[u] propia forma natural de clonación en los mellizos o trillizo[s.] ¿Quién no se detiene cuando pasa junto a un par de gemelo[s] idénticos? ¿Quién no enciende el televisor cuando hay un[a] historia acerca del nacimiento de septillizos?

Por lo que se ve, Dios ha creado a muchas perso[-]nas que se ven parecidas. Sin embargo, un estu[-]dio tras otro demuestra que las aparienci[as] pueden ser engañosas ya que el mism[o]

mensaje de inspiración

color de cabello o de ojos no necesariamente significa que exista la misma personalidad.

Tal vez eres igual a tu madre, pero no eres ella. Tal vez tienes algunos de los mismos rasgos físicos de ella y muchos rasgos de tu personalidad son iguales a los de tu padre, pero eres una persona única. Como sucede con los copos de nieve, Dios nos creó a cada uno de nosotros para que seamos diferentes. Tienes tus propios gustos y hay cosas que te disgustan, tienes tus propios sueños y metas. David alaba a Dios en el Salmo 139 por haberlo hecho de manera tan maravillosa. Dios también lo hizo contigo. Te «entretejió» como lo hizo con David y con millones de otras personas. Sí, te pareces mucho a tus padres; regocíjate en tu herencia. No obstante, regocíjate también en tus diferencias... ¡Dios lo hace!

Jamás ha habido una combinación como tú en la historia, ni tampoco lo habrá.

Laurie Beth Jones

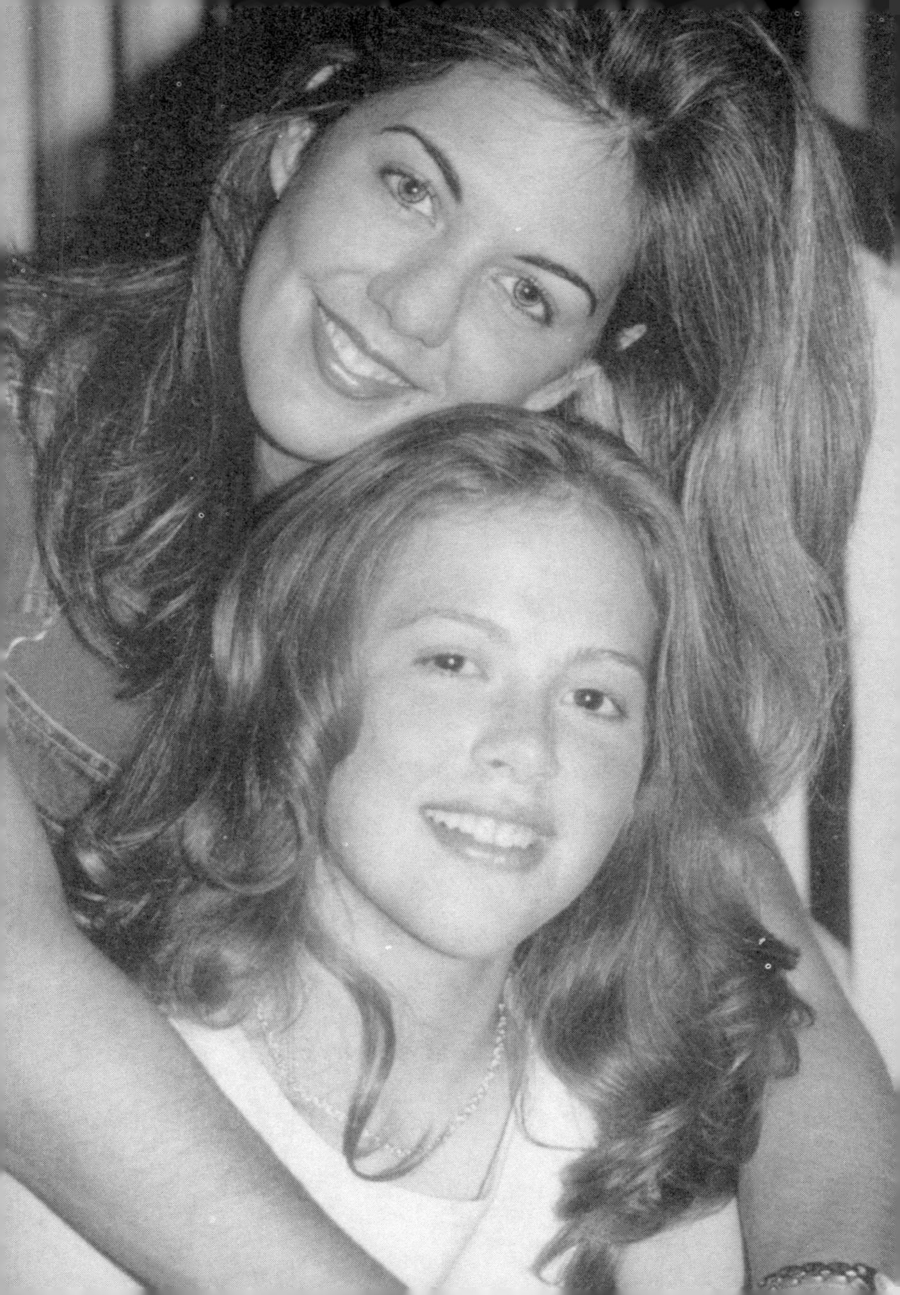

Incluso sin las mochilas, el ascenso era difícil. La nieve era tan profunda que no se atrevían a apartarse de la línea, y el viento soplaba con tanta furia que Karen tenía temor de que Anita saliera volando.

La aventura

—¿Cómo es posible que peleen por unos simples cereales? —preguntó Damián con cuidado de no permitir que su tono de voz delatara lo que pensaba en cuanto a lo trivial de la pelea. Sin embargo, Karen sabía que la pelea no era solo por los cereales. Era por todo.

—Tiene tres años, nada más —continuó Damián con cuidado. Luego esperó que su esposa desahogara un poco más de ira por el comportamiento de su muy deseada y muy amada hija, Anita.

—Muy bien, mañana te quedas tú con ella si te parece que es tan fácil —dijo Karen con la respiración entrecortada a la par que salía como una tromba de la habitación.

Aquella conversación había tenido lugar hacía doce años, luego de que Anita y Karen no se pusieran de acuerdo en cuanto a quién tenía la responsabilidad de recoger

Las diferencias de una hija

los cereales que Anita desparramó a propósito sobre el piso de la cocina. Durante los doce años siguientes, tuvieron muchos desacuerdos similares. En verdad, Anita nunca se sentía cómoda si había otra persona al mando, y Karen nunca se sentía cómoda con una hija que quería mandar. Por lo tanto, pasó muchas horas leyendo libros acerca de la crianza de los hijos y escuchando el consejo de amigos bien intencionados. Aun así, para no cargar mucho las tintas, podemos decir que Anita era una niña difícil. Las palabras *cabeza dura* y *obstinada* se utilizaban con frecuencia en la misma oración en la que iba el nombre de Anita.

A medida que pasaron los años, Anita aprendió por fin a prestar atención a sus padres. Los respetaba y los amaba a su manera. Solo que algunas veces no estaba segura de que tuvieran razón. Cuestionaba casi todas las decisiones en cuanto a su bienestar. Karen y Damián aprendieron desde temprano a evitar enfrentamientos y a dejar que Anita cometiera algunos errores a lo largo del camino. Por sobre todas las cosas, aprendieron a orar por la relación con su hija y por su crecimiento espiritual. No era fácil, pero les parecía que andaban por el buen camino cuando Anita se apareció en casa con Pablo.

Pablo fue muy amable con ellos, pero Karen había escuchado de boca de algunos amigos de la iglesia que no era la mejor influencia para una jovencita de quince años. Tenía diecisiete años, no era cristiano y sus calificaciones eran inferiores a lo que Karen y Damián esperaban de Anita. Hubieran podido pasar por alto los holgados vaqueros y el cabello peinado en picos si no hubiera sido por ese aro en la ceja.

—¿Qué le ve? —dijo Karen suplicando por una respuesta razonable a esa pregunta, pero Damián no pudo dársela; al menos, no encontró la respuesta que la hiciera feliz.

—Tal vez lo único que necesite sea un poco de atención. Vamos a llevarla de paseo un fin de semana —sugirió Damián.

—Ahora dime, ¿adónde podemos ir para que Anita esté feliz de estar sola con sus padres? —preguntó Karen mirando hacia el cielo y meneando la cabeza. Algunas veces, Damián se olvidaba de que su hija ya no tenía tres años y que los problemas no se resolvían llevándola a dar un paseo al zoológico.

—Tienes razón —suspiró Damián—. Tenemos que mantenernos firmes con respecto a las citas. Solo puede verlo aquí en la casa o en las ocasiones especiales en la iglesia donde haya una multitud. Quién sabe, tal vez logremos ayudarlo.

Las diferencias de una hija

«Por ahora, ¡lo único que me interesa es ayudar a nuestra hija!», deseó gritar Karen.

En febrero, Anita les presentó por primera vez a Pablo, y los meses siguientes fueron bastante duros. Parecía que todas las noches tenía que estallar una discusión mayúscula. «¿Adónde vas? ¿Quién estará allí? ¿Pablo va a estar? ¿Has hecho tus tareas?» Karen no sabía cuánto más podía soportar, pero amaba a Anita y estaba decidida a criarla hasta que llegara a la edad adulta.

Por favor, Dios, ¡tú conoces mis limitaciones! Sabes que necesito tu guía más que nadie. Pon algo en nuestro camino que le ayude a Anita a ver que la amamos y que solo estamos tratando de ayudarla.

A medida que se aproximaba el fin del año escolar, Karen comenzó a prepararse para lo que serían los meses de verano en los que Anita tendría más tiempo libre. Comenzó a buscar actividades para mantenerla ocupada. *¿Tendré que ayudarla a conseguir un trabajo? ¿Tendré que mandarla al campamento de la iglesia o simplemente tendré que esposarla a mí durante tres meses?* Esto último parecía ser lo menos atractivo, pero lo más seguro.

El teléfono sonó mientras Karen se preparaba para irse a la cama. Anita acababa de salir de la habitación luego de pedir permiso para que Pablo viniera el viernes por la noche. Los dos meses en los que Anita y Pablo habían estado saliendo, no habían mejorado la impresión que Karen tenía en cuanto a él. Hablaba entre dientes y no mostraba ni la menor señal de ambición. Sin embargo, Anita lo pidió de buena forma, así que Karen aceptó que miraran películas en su casa.

—Hola —dijo Karen levantando el receptor del teléfono.

—¿Señora Cánovas? —dijo el joven al otro lado de la línea.

—Sí —respondió Karen—. ¿En qué puedo ayudarlo?

—Señora Cánovas, soy José Estrada, el nuevo pastor de jóvenes de su iglesia.

—Sí, claro, José, he tenido la intención de conocerte, pero me temo que nuestros caminos no se han cruzado todavía. Puedes llamarme simplemente Karen. No tienes por qué ser tan formal.

Karen todavía no estaba lista para que gente de menos de veinticinco años la llamara señora Cánovas, y estaba segura de que este hombre no tenía mucho más que esta edad.

—Gracias, Karen —dijo José con un poco de timidez—. Yo también he deseado conocerla. Me ha gustado mucho tener a Anita y a Pablo en las actividades de la iglesia.

—Bueno, muchas gracias —respondió Karen, preparándose para lo peor. No podía evitar preguntarse si este

Las diferencias de una hija

hombre la estaba halagando antes de soltarle algún chubasco acerca de su hija y de ese novio que tenía.

—Karen, necesito un acompañante para un viaje con los jóvenes este verano. Quiero que los padres participen más en las actividades de la juventud, y me gustaría que usted viniera con nosotros a una aventura en la montaña. No tiene que contestarme en este mismo momento. Puede darme su opinión el domingo en la iglesia.

—José —dijo Karen—, ¿Anita y Pablo se han anotado para este viaje?

—Sí, me alegra decir que lo han hecho —respondió José.

—Entonces, no necesito pensarlo. Anótame —dijo Karen, sin poder creer que había aceptado participar en una actividad de la cual no sabía nada. Aun así, de algo estaba segura, no permitiría que su hija fuera al viaje con ese novio a menos que ella fuera también.

El fin de clases llegó a toda carrera, y pronto llegó el momento de la aventura. El viaje en autobús no tuvo incidentes (muchos cantos y música estridente, pero nada demasiado inquietante). Karen se sorprendió al ver cómo Anita y Pablo se relacionaban con los otros adolescentes. Sin saber por qué, se había imaginado que pasarían el viaje acurrucados debajo de una manta en el asiento del fondo y que ella echaría humo durante todo el camino debido al comportamiento de ellos.

La aventura

Luego de dos días arriba del autobús, el grupo al fin estuvo frente a su gigante. Esto no sería como escalar en el parque. La montaña tenía cuatro mil trescientos metros de roca, de nieve y ráfagas de viento de cien kilómetros por hora. Las mochilas que llevaban pesaban dieciséis kilos cada una. Karen se había entrenado durante seis semanas, pero no estaba del todo lista para esto.

El primer día pasó bastante tranquilo. Karen estaba exhausta, pero había disfrutado del esfuerzo que demandaba el ascenso. Anita no quiso dormir en la tienda de su madre, así que Karen se apresuró a conocer a las muchachas que estaban en su grupo mientras preparaban la comida para la noche. Luego, el pastor de jóvenes los reunió a todos para tener un devocional.

«Tomen una piedra», le dijo al grupo. «Busquen una que sea especial para ustedes, pero que no sea demasiado grande».

Todos salieron a buscar una piedra y luego regresaron a la fogata.

José continuó: «Quiero que esta piedra represente alguna barrera en sus vidas. Algo que les impida llegar a ser lo mejor posible. Quiero que luchen contra eso, sea lo que sea, durante toda la semana. Cada vez que les cueste respirar, cada paso que den al trepar, quiero que empujen esa barrera cada vez más lejos de ustedes. Entonces,

Las diferencias de una hija

cuando lleguemos a lo alto de la montaña, quiero que la dejen allí arriba. Suéltenla y váyanse».

Esto no era algo que Karen había previsto con respecto al viaje. Esperaba tener músculos doloridos, pies cansados, mareos y dolores de cabeza; pero nadie le advirtió que el viaje incluía tener que trabajar en el ser interior.

Aquella noche oró: «Querido Dios, abre mis ojos y mi corazón para que vea lo que necesito saber. ¿Es esto lo que te he pedido? ¿Esta actividad es para acercarme más a Anita? ¡Por favor, que así sea!».

El día siguiente se tornó más difícil. A Anita las alturas le hacían mal y comenzó a vomitar. Con dificultad, buscó a su madre. Karen le preguntó si quería regresar. «No», dijo Anita, «puedo hacerlo. Quiero hacerlo». Sin embargo, no se apartó de Karen por el resto del día. Pablo también estaba allí. Se ofreció a llevarle la mochila de Anita para aligerarle el peso. Karen lo ayudó a quitarla de los hombros de su hija y la ató alrededor del peso que él tenía en la espalda y que ya, de por sí, era suficiente.

Pablo le hablaba con suavidad a Anita, asegurándole que podía lograrlo y que la iba a ayudar.

Aquella noche, Anita preguntó si podía dormir en la tienda de Karen. La mamá estaba tan entusiasmada que le dijo que durmiera con ella en la misma bolsa de dormir. Tanto madre como hija estaban exhaustas, pero pasaron horas hablando acerca de la vida. Se reían por lo bajo como dos niñas en una fiesta de pijamas. Karen susurró historias de su adolescencia y Anita reveló algunas preocupaciones que ella también tenía con respecto a Pablo. Por primera vez en muchos años, en una bolsa de dormir en la ladera de una montaña, Karen durmió en paz.

El día siguiente estuvo lleno de sorpresas. Anita todavía estaba débil, y una vez más, Pablo le llevó la mochila, pero en este día, Karen habló con él y lo escuchó. Lo escuchó de verdad. No era tan malo. Le contó lo importante que había sido para él ir a la iglesia y cuánto deseaba aprender más una vez que regresara a casa. Dijo que esperaba que José estudiara la Biblia junto con él cuando volvieran del viaje.

Para la hora del almuerzo, habían llegado al campamento alto. Dos horas más y alcanzarían la cima. Las mochilas no eran necesarias para la última parte del viaje. Todos se las quitaron de buena gana. Incluso sin las mochilas, el ascenso era difícil. La nieve era tan profunda que no se atrevían a apartarse de la línea, y el viento soplaba con tanta furia que Karen tenía temor de que Anita saliera volando.

Pablo llegó primero a la cima y le extendió la mano a Karen. La tomó con fuerza de la mano y la ayudó a subir.

Las diferencias de una hija

Juntos alcanzaron a Anita y pronto los tres se encontraban riendo, abrazándose y llorando.

—Anita, ¡lo lograste! —le gritó Karen a su hija.

—Mamá, las dos lo logramos. Lo logramos juntas. ¡Gracias por apoyarme!

—No hay problema —contestó Karen con sinceridad. Todavía rodeando con sus brazos a su hija, miró por encima del hombro de Anita y vio el esplendor de los picos nevados de las montañas y del glorioso resplandor del sol. *Gracias, Dios, por todas las cimas de las montañas que escalamos en la vida.*

Aquella noche, alrededor de la fogata, se quitaron muchas cargas. Karen y Anita dejaron sus piedras en lo alto de la montaña y sabían que estaban listas para comenzar de nuevo. Juntas se regocijaron en sus diferencias y renunciaron a la carga de rechazar el amor de la una hacia la otra.

Dios te ama y te hizo por el placer de conocerte.

Sheila Walsh

deuda

capítulo cuatro

La deuda de una hija

Mi *querida* hija:

Eres *inolvidable.*

Es más, te he grabado en las mismas palmas de mis manos.

Te envolví con vestidos de salvación.

Llevas puesta una túnica de *justicia*.

Gracias a mi gran amor por ti,

te he dado *vida* en Cristo.

Eres mi joya.

Recordaré *mi pacto* contigo

para siempre.

Eternamente,
Tu Padre celestial

Extraído de Isaías 49:16; 61:10; Efesios 2:4-5; Salmo 111:5

$\mathcal{La}$ sensación de que uno le «debe» algo a alguien es terrible, ¿no es así? Vas al cine y descubres que no tienes dinero suficiente para una bebida, entonces tienes que pedir prestado. Dices esas temidas palabras: «Te lo devolveré». ¿Es más difícil para el que hace la promesa o para el que la recibe? Quizá sea para ambos. El que hace la promesa trata de recordar mentalmente la deuda porque sabe que tal vez la olvida antes de que comience la película, y el que presta sabe que al otro tal vez se le olvide, pero no quiere hacer sentir mal a su amigo. Sin embargo, tener una deuda siempre es una circunstancia incómoda, excepto cuando el que hizo el préstamo perdona la deuda por completo.

mensaje de inspiración

Cuánto alivio produce escuchar las palabras: «¡No te preocupes! No me debes nada». Traducido, eso quiere decir que no tienes que devolver el dinero ni debes sentirte culpable por no hacerlo. ¿Alguna vez podrás devolver las horas, el dinero y la energía que tus padres te dieron? ¡De ninguna manera! Así como jamás podrás pagarle a Jesús la deuda que Él pagó en el Calvario. Hay veces en las que un simple «gracias» es suficiente. Hoy quizá sea una de esas veces. Llama a tus padres y diles: «Gracias por todo lo que han hecho por mí». Ya te han perdonado la deuda, simplemente les vas a dar las gracias por haberlo hecho.

Dios nos hizo a cada uno de nosotros como seres únicos y existe un vasto misterio y una gran belleza alrededor del *alma* humana.

Alan Loy McGinnis

© Foto de Holly Hargrove

Amanda respiró hondo al escuchar la música que llenaba el auditorio. «Estoy lista, papá», dijo a la par que tomaba su ramo de flores que había estado decorando la pequeña mecedora de la sala de espera de la iglesia durante los últimos treinta minutos.

Hacia la capilla

Amanda era hija de un predicador y algunas veces no estaba muy feliz de tener este honor. No obstante, hoy, se sentía emocionada. A los veintitrés años estaba muy orgullosa de su padre predicador y, lo que era más importante aun, sentía mucho entusiasmo al pensar que él iba a celebrar la ceremonia de su boda.

Parecía que todo estaba listo. Amanda espió a través del vidrio de la ventana de la sala de espera hacia el auditorio de la iglesia. Estaba tan hermoso que uno se quedaba pasmado. A los costados de las hileras de bancos había metros y metros de cinta con lazos de raso y ramos de margaritas. Una arcada, cubierta de ramas verdes y de más margaritas aguardaba a la pareja al frente de la habitación. Y el toque final, el que Amanda siempre había soñado, lo daban cientos de velitas encendidas que irradiaban

La deuda de una hija

un brillo muy romántico transformando lo que, casi siempre, era el simple y pequeño auditorio de una iglesia.

La madre de Amanda había trabajado mucho para que este día fuera especial para ella. Una de las amigas de Amanda le había advertido que planear una boda era un desastre. Le dijo que ella y su madre no se pondrían de acuerdo en nada y que para cuando llegara el día de la boda, Amanda desearía haberse fugado. Y no había sido cierto. Desde el primer color que eligieron hasta la última fiesta de despedida, Amanda y su madre se divirtieron por completo. A la par del gozo que Amanda sentía por aquel día, tenía un poco de tristeza al pensar que pronto habría terminado. Se daba cuenta de que la diversión que disfrutó con su madre era única, y todavía no estaba del todo lista para que terminara.

«No, no. Nada de lágrimas. No voy a llorar», se dijo en voz alta mientras trataba de apartar todos los pensamientos tristes.

Amanda se aferró con fuerza a la desteñida cortina que pretendía separar la congregación de la sala de juegos de los niños y tuvo mucho cuidado de que nadie la viera mientras espiaba desde su escondite. Divisó a su padre en el momento en que le daba algo a su madre. *Me pregunto qué será*, pensó. *Parece una Biblia, pero no es la que usa los domingos. Trae algo debajo de la manga que no me ha dicho.*

Hacia la capilla

El padre de Amanda no era duro para nada, pero se podría decir que era «estricto» cuando de reglas se trataba. Desde muy corta edad, Amanda aprendió que con su padre no se negociaba, pero al mismo tiempo jamás tuvo dudas del amor que sentía hacia ella y su hermano, Ariel. Aunque era cierto que de vez en cuando los dos se aprovechaban de la ventaja de acudir primero a su madre, lo respetaban a él y a la posición que ocupaba en la iglesia. Al observarlo mientras se movía entre las flores y los lazos, Amanda pensó en los muchos viajes de campamento que solían realizar. Siempre la había impresionado la facilidad con que podía poner un gusano en el anzuelo y, a la vez, cómo se encogía si se encontraba parado a medio metro de alguien que tenía en la mano una babosa. Decía que aborrecía esa sensación pegajosa. O cómo podía vivir en una tienda bajo la lluvia durante una semana, pero no podía soportar que hubiera un libro fuera de lugar en su oficina. «Ese es mi papá», dijo Amanda con suavidad, casi sin aliento.

Tuvo la sensación de que el reloj que había en la habitación se agrandaba, saltaba de la pared y le decía: «¡Son las siete, hora de tu boda!».

La «organizadora de bodas», su tía Josefina, abrió la puerta. «Llegó la hora», dijo con alegría.

«Dame un solo minuto», dijo Amanda.

La deuda de una hija

La tía Josefina cerró la puerta y Amanda oró: «Querido Dios, quédate conmigo en este día. Gracias por el regalo de mi familia física y también por la familia de la iglesia que está aquí hoy para darnos su apoyo a Alejandro y a mí. Ayúdame a ser siempre el ejemplo que quieres que sea como esposa y, algún día, como madre. Te pido que, cuando tenga una hija, sea para ella todo lo que han sido mis padres para mí. En especial, quédate con papá en este día. Esto va ser difícil para él. En el nombre de Jesús, amén».

Amanda escuchó un golpecito suave en la puerta, y luego, la mano de su padre la abrió con suavidad. «¿Lista pollita?», preguntó. La llamó así desde que tenía dos años, después de que lloró y lloró pidiendo un pollito para Pascua, pero él no se lo quiso dar. Con la misma eficacia de siempre, le advirtió: «Se va a morir». Aun así, al final cedió y el pollito amarillo se negó a morir. Fue la primera mascota de Amanda.

Amanda respiró hondo al escuchar la música que llenaba el auditorio. «Estoy lista, papá», dijo a la par que tomaba su ramo de flores que había estado decorando la pequeña mecedora de la sala de espera de la iglesia durante los últimos treinta minutos. Se miró una vez más en el espejo, decidió que necesitaba un poco más de brillo para

Hacia la capilla

los labios y luego salió para unirse a su padre en la caminata con la cual había soñado desde que era una niña.

Tomados del brazo caminaron hasta la parte de atrás del auditorio. La gente seguía con la mirada la niña que llevaba las flores y los anillos mientras avanzaba hacia el frente de la iglesia y todavía no se habían dado cuenta de que Amanda ya ocupaba su lugar. Ella estaba feliz de que no la hubieran visto aún. Deseaba tener este momento a solas con su padre, y borró a la multitud y lo miró a él. Podía decir que estaba nervioso porque se balanceaba. Siempre lo hacía cuando estaba nervioso. De atrás hacia delante, de los talones hacia los dedos de los pies. *Es gracioso*, pensó Amanda, *¿cómo puede predicar todos los domingos y estar nervioso en este momento? Creo que lo que lo pone nervioso no es la parte de la predicación*, llegó a la conclusión con una sonrisa. Deseaba besarlo en la mejilla y decirle cuánto lo amaba, pero sabía que él comenzaría a llorar, así que decidió esperar.

La atención de Amanda se volvió al auditorio, donde, ahora, todos estaban de pie. Había llegado el momento de avanzar. Su padre le tomó el brazo con la mano y suavemente la empujó hacia delante. *Así que esto es lo que se siente*, pensó Amanda para sí. *Me encanta. Allí está Elisabet y Juan Marcos. Fantástico, vino la señora Pereira. Y el abuelo y la abuela. ¡Se ven grandiosos! Allí está mamá. No llores,*

La deuda de una hija

mamá. Recuerda que hablamos acerca de esto. Me siento bien. No comiences a llorar. Te ves hermosa.

Amanda no podía creer que estuviera en condiciones de pensar, pero estaba feliz de poder hacerlo. Deseaba recordar cada detalle. Sus mejores amigas se veían hermosas. Sí, había tomado la decisión adecuada al elegir el modelo de sus vestidos. Y los acompañantes del novio se veían muy elegantes. Tenía que admitir que era una boda muy impresionante.

Entonces, sus ojos se encontraron con los de Alejandro. No estaba segura de haber visto antes una sonrisa tan grande. Parecía que el pecho le iba a estallar. Trató de enviarle un mensaje telepático a su «casi» esposo: *Respira, Alejandro. No quiero que te desmayes.* Debe haber dado resultado porque notó que el pecho se le relajaba al exhalar un suave suspiro. Amanda pensó en lo perfecto que era para ella.

Se terminó. La caminata terminó, y ahora se encontraba de pie en el frente de la iglesia. La madre de Amanda se puso de pie y le entregó una Biblia a su padre, y juntos dijeron algo en cuanto a entregarle su hija a Alejandro. Luego, Amanda y Alejandro se dieron vuelta para mirar hacia la habitación llena de amigos y familiares que habían venido a compartir el día con ellos.

Hacia la capilla

«Amanda», comenzó su padre, «debo comenzar con una pequeña historia. Debo admitir que cuando era un joven predicador, el centro de mi atención no estaba siempre donde debiera haber estado. Algunas veces estaba más interesado en las apariencias que en la verdad. Me habían regalado una hermosa Biblia para predicar y la tenía apoyada sobre mi escritorio con mucho orgullo con la intención de sostenerla cada domingo para que todos la vieran. Pero entonces, tuve una niñita, una niñita a la que amé más que a cualquier otra posesión. Ella me enseñó muchas cosas.

»Un día entró en mi oficina, abrió mi hermosa Biblia y garabateó toda la primera página. Me sentí devastado. Me preguntaba cómo le explicaría el incidente a la persona que me había regalado la Biblia. Recuerdo que levanté la Biblia y miré a esa pequeñita, listo para darle una reprimenda por sus acciones. Pero tú, Amanda, me miraste desde abajo y me dijiste con dulzura: "Escribí *Amanda*". Fue entonces, cuando me di cuenta de que yo también deseaba que el nombre de Amanda estuviera escrito en el Libro de la Vida. Así que tomé el bolígrafo y escribí: "Amanda, 2 años, 15 de diciembre de 1975". Mi objetivo ha sido siempre hacer lo que fuera necesario para asegurarme de que tu nombre, Amanda, haya seguido escrito en el Libro de la Vida. Te entrego esta Biblia hoy. Escribe

La deuda de una hija

los nombres de tus hijos en ella y haz todo lo que puedas para asegurarte de que sus nombres permanezcan allí».

Amanda recibió la Biblia de manos de su padre y abrió la primera página. Allí vio sus garabatos y la explicación de su papá. Ahora no hubo manera de detener las lágrimas, mientras Amanda se daba cuenta, ahora más que nunca, de cuánto la amaba su padre.

Podemos considerarnos personas amadas, no por lo que sean nuestras circunstancias ni situaciones, sino solo porque Dios nos ama de manera perfecta, total y eterna.

Marie **Chapman**

sueños

capítulo cinco

Los sueños de una hija

Mi maravillosa hija:

¡Perteneces a la *realeza*! Te he escogido, te llamé de la oscuridad y te traje a mi maravillosa luz.

Búscame con diligencia antes que todo, con todo tu *corazón* y entonces observa cómo te bendigo.

Descubrirás que
mis planes hacia ti
exceden tus
más increíbles
sueños.

Recuerda, todas las cosas
son posibles porque soy tu Padre.
Te he hecho nacer a una *esperanza viva.*

Majestuosamente,
Tu Rey de reyes

Extraído de 1 Pedro 2:9; Mateo 6:33; Efesios 3:20;
Marcos 10:27; 1 Pedro 1:3

Cuando cierras los ojos, ¿qué ves? En la quietud de la noche, ¿qué sueñas? En realidad, los sueños que tienes por la noche no son los que esperas que se hagan realidad, sino los que sueñas cuando estás despierta por completo.

Por ejemplo, ¿qué sueñas cuando te encuentras sentada a solas en el portal o cuando finges prestar atención en la clase de historia? Esos son los sueños que en verdad cuentan. Durante esos momentos de quietud es cuando planeas el futuro y cómo te gustaría que sea. Es difícil, ¿no es cierto? Algunas veces los sueños que tienes no son los mismos que los demás tienen para ti.

Los padres, los abuelos, los maestros, los entrenadores, los pastores de jóvenes y los esposos parecen que todos poseen un pedacito de ti. No deseas desilusionar a los que te aman, pero a la vez debes ser sincera contigo misma.

Lee Hebreos 12:2 para refrescar la perspectiva

mensaje de inspiración

«Fijemos la mirada en Jesús, el iniciador y perfeccionador de nuestra fe, quien por el gozo que le esperaba, soportó la cruz, menospreciando la vergüenza que ella significaba, y ahora está sentado a la derecha del trono de Dios». ¡Es esencial que fijemos la mirada en Jesús! Si tratas de cumplir los sueños de los demás, e incluso tus propios sueños, en lugar de perseguir los sueños que Jesús tiene para ti, no encontrarás una verdadera satisfacción.

Aquellos que mantienen su mirada fija en Jesús pueden estar seguros de que sus sueños y metas conducirán a la victoria eterna. No, tú no puedes complacer a todos, y sí, existen grandes mentores a los que puedes imitar para darle forma a tu vida. Sin embargo, cuando pones a Jesús en primer lugar, sabes que serás una ganadora.

Qué sensación tan especial nos da saber que Dios sueña porque cada niña, a través de Él, tiene un potencial extendido, labrado y con sumo cuidado ordenado para *mañanas* brillantes, felices y satisfactorias.

Ann Kiemel-Anderson

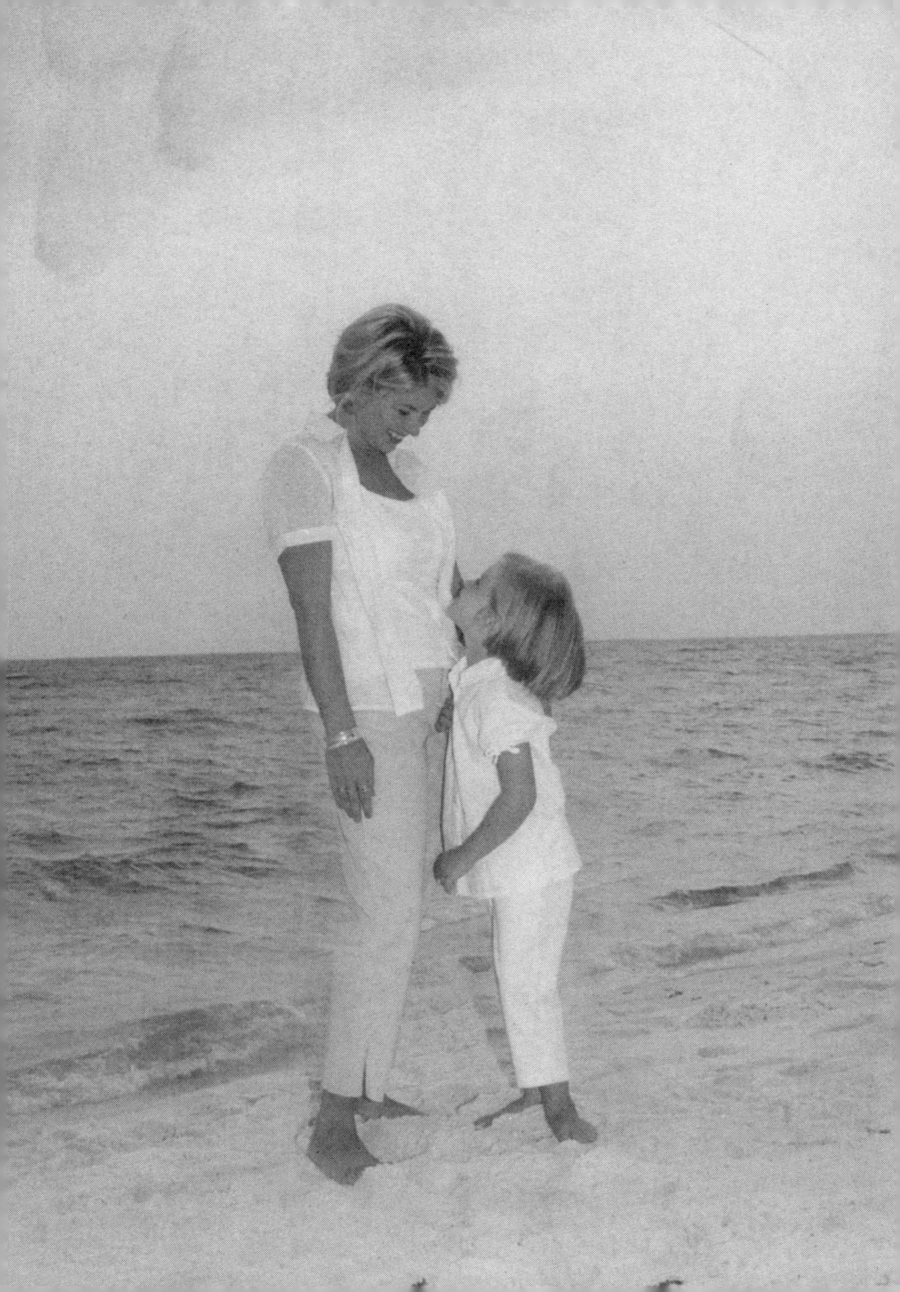

Sabía que no debía desear las cosas que pertenecían a otras personas, pero no pudo evitarlo. Bueno, se dijo al final, si no puedo tenerlo, ¡me alegro que lo reciba María Alicia!

La fiesta de cumpleaños de María Alicia

*E*l 12 de septiembre de 1959, la actitud de Melisa Estéfani hacia la vida dio un vuelco importante para bien. Aquel era el día del cumpleaños de María Alicia Molina. Esta era la mejor amiga del mundo para Melisa. Vivía calle abajo, a la vuelta de la casa de Melisa. En el año de 1959 no era tan difícil caminar una cuadra y doblar la esquina. A los niños se les permitía andar en bicicleta por todo el vecindario e incluso quedarse hasta después de que hubiera oscurecido sin que nadie denunciara la ausencia a la policía.

En realidad, las madres en 1959 insistían en que sus hijos jugaran afuera. No tenían que andar «metiéndose debajo de los pies», como solía decir la mamá de Melisa cuando ella y sus hermanos daban vueltas alrededor de la cocina

Los sueños de una hija

pidiendo algo. Cada vez que Melisa entraba, su madre decía: «¿Qué necesitas?», dando a entender que la única razón por la que debían entrar a la casa era porque necesitaban algo. Melisa suponía que era verdad porque todo lo que ella deseaba, como los amigos, las bicicletas y los fortines, se encontraba afuera, en tanto que todo lo que necesitaba, como la comida y el baño, se encontraba adentro.

Aquel día, el 12 de septiembre, ya había comenzado de manera diferente para Melisa. Era sábado y su madre le había pedido que se quedara para ayudarla a envolver el regalo de cumpleaños de María Alicia. Melisa sabía que era un trabajo para adultos, así que se sintió muy halagada ante el pedido de ayuda. «Puedes cortar el papel y agregar cualquier moño que te guste», le dijo su madre.

Melisa no había visto el regalo que su madre había elegido para que le llevara a su amiga. Como tenía siete años y pasaba el día en la escuela, se perdía la mayor parte de los paseos de compras que hacía su madre. Sin embargo, cuando vio el regalo, enseguida se enamoró de él. Era una estola de visón en miniatura y un manguito de visón haciendo juego. La piel era tan blanca y esponjosa como un conejito. La estola estaba forrada con raso blanco brillante, la clase de tela que Melisa había visto en el vestido de novia de su tía. En el frente tenía un pequeño ganchillo y un ojal discretamente cosido para cerrar la estola, de manera que al usarla pareciera de una sola pieza. ¡Era la cosa más elegante que Melisa había visto en toda su vida! Qué encantadora me vería luciendo esto, pensó.

Sabía que no debía desear las cosas que pertenecían a otras personas, pero no pudo evitarlo. Bueno, se dijo al final, si no puedo tenerlo, ¡me alegro que lo reciba María Alicia!

Pronto llegó el momento de vestirse para la fiesta. En 1959, este simple acto era una experiencia terrible. La madre de Melisa tomó el mejor vestido que tenía, lo puso con esmero sobre la tabla de planchar, lo roció con agua que había en una botella con un «pico rociador» y lo planchó una y otra vez como si pudiera hacer que las arrugas desaparecieran y no volvieran nunca más. Melisa sabía que esas arrugas volverían antes de llegar a la fiesta, pero la tarea de una madre era cuidar que su hija se viera limpia y almidonada antes de un gran acontecimiento. Y una fiesta de cumpleaños era un gran acontecimiento.

Cabe aclarar que las fiestas no se preparaban de acuerdo con las normas vigentes hoy en día. Siempre se realizaban a media tarde para que las madres no tuvieran que servirles una comida completa a sus invitados. Las fiestas en los negocios de hamburguesas o en las pistas de patinaje no existían en ese entonces. Sencillamente se llevaban a cabo en la casa del homenajeado y los niños jugaban a «ponerle la cola al burro» y a otros juegos tontos. Todos

Los sueños de una hija

cantaban «Cumpleaños Feliz» en el momento que la niña que cumplía años soplaba las velitas. Luego se servían la torta y el helado. Melisa se preguntaba para qué tenía que ponerse tan elegante. Su madre le decía que asistir a una fiesta de cumpleaños con ropa de juego era una falta de respeto, aunque se suponía que iban a jugar.

A las tres menos cuarto, Melisa y su madre comenzaron a caminar hacia la casa de María Alicia. A ella le hubiera gustado ir en auto, a pesar de que tenían que recorrer solo una cuadra, porque tenían un nuevo coche familiar con un asiento trasero que miraba hacia la ventana de atrás. Pensó que sería fantástico llegar en su nuevo auto y luego saltar del asiento trasero.

«Es un día hermoso y los mellizos disfrutarán de la caminata», le dijo su mamá.

Grandioso, pensó Melisa, no solo tengo que caminar, sino que mis hermanos vendrán prendidos de mí.

Los hermanos de Melisa tenían tres años y eran muy traviesos. Bueno, uno sí lo era y el otro no, pero eran dos, así que aunque uno fuera más tranquilo, juntos eran traviesos.

«Vamos, niños, Melisa llegará tarde», dijo la mamá de Melisa apurando a los mellizos hacia la puerta.

Su mamá tenía razón, ¡el día era muy hermoso! A Melisa le encantaba el aroma fresco del otoño en el aire y la suave brisa que le levantaba el cabello de los hombros.

La fiesta de cumpleaños de María Alicia

Hasta tomó de las manos a sus hermanos y los desafió a dar saltitos como ella.

Exactamente a las tres de la tarde llegaron a la puerta de la casa de María Alicia y tocaron el timbre. La puerta se abrió y allí estaba María Alicia con el vestido de fiesta más hermoso; era blanco, de organza y un moño de raso blanco le sostenía los cabellos despejándole la cara y cayéndole justo al costado de la cabeza.

«Pasa», dijo María Alicia. «Quiero que conozcas a mis amigos».

¿Sus amigos? ¿Cómo es posible que tenga amigos que yo no conozco? ¿De dónde salieron? Melisa se sintió un poquito traicionada al mirar la habitación llena de gente que jamás había conocido.

«Estos son mis amigos de la clase de la Escuela Dominical», explicó María Alicia. Melisa había oído hablar de la Escuela Dominical, pero nunca había ido. Sabía que los domingos eran diferentes, pero sobre todo porque su papá hacía tortitas y su familia se quedaba en casa y miraba la televisión en el aparato nuevo que tenían. A Melisa no le atraía mucho la idea de ir a una escuela otro día más de la semana.

Melisa se divirtió muchísimo en la fiesta y en verdad disfrutó de la compañía de los amigos de María Alicia. Todos fueron muy amigables con ella. A María Alicia le

Los sueños de una hija

encantó la estola de visón. Otra amiga le había regalado unos zapatos de juguete con tacones alto, así que en realidad lucía muy elegante con los zapatos y el visón.

Cuando la fiesta estaba llegando a su fin, Melisa juntó valor y preguntó:

—¿Por qué van a la Escuela Dominical?

—Bueno —dijo María Alicia—, voy para conocer nuevos amigos y para aprender más acerca de Jesús.

Melisa entendía lo divertido que sería conocer nuevos amigos, pero tenía una pregunta más. Deseaba saber quién era Jesús.

Con toda la sabiduría de una niña de siete años, María Alicia le dijo sencillamente:

—Él nos hizo y ahora nos cuida y nos ama a pesar de todo.

La madre de Melisa llegó exactamente a las cinco para recogerla. Había dejado a los mellizos con el papá, así que estarían las dos solas para conversar en el camino de regreso a casa. Melisa sentía que aquel era su día de suerte.

Mientras caían las hojas y la temperatura descendía, ella y su madre se acurrucaron la una al lado de la otra para caminar con rapidez hacia su casa. Su mamá le hizo todas las preguntas habituales acerca de la fiesta: «¿Cómo estuvo la torta? ¿Le gustaron los regalos a María Alicia? ¿Quiénes estaban?». Entonces, hizo la pregunta más

La fiesta de cumpleaños de María Alicia

inesperada. «Si pudieras desear cualquier cosa que exista en el mundo, ¿qué te gustaría tener?»

Melisa se quedó helada. Jamás había pensado en lo que desearía si pudiera tener cualquier cosa, cualquier cosa que existiera en el mundo. No podía creer que su madre le hiciera esa pregunta. ¿Querrá decir que me va a dar cualquier cosa que le pida?

La mente de Melisa galopaba a toda velocidad. La estola le gustaba muchísimo. Casi había llorado cuando observó a María Alicia abriendo el regalo. Era muy hermosa. Sin embargo, había otra cosa que le daba vueltas en su alma de siete años y, al final, expresó lo que tenía adentro: «Mamá, quiero que vayamos a la iglesia como María Alicia».

Una vez acabada la frase, no pudo creer lo que había dicho. Su madre permaneció en silencio durante lo que pareció una eternidad y luego dijo, no muy convencida, algo así como: «Bueno, ya veremos». No obstante, al domingo siguiente, Melisa y toda su familia se sentaron en el banco junto a María Alicia y su familia.

¿A quién se le hubiera ocurrido que una fiesta de cumpleaños, un deseo especial y una niña de siete años podrían cambiar el curso de una familia?

A Dios se le ocurrió.

diario

capítulo seis

El diario de una hija

Mi amada hija:

He derramado mi *amor* en abundancia sobre ti y te he llamado mi hija.

Conozco cada uno de tus pensamientos

incluso antes de que *te crucen* por la mente.

Hasta conozco los *secretos* que tratas de esconder
por temor al rechazo.
Sin embargo, no te preocupes; no hay nada en tu
pasado, en tu presente ni en
tu *futuro* que sea capaz de impedir que yo te *ame*.
Nunca olvides que *siempre* serás amada y que tengo
buenos pensamientos acerca de ti.
Vayas donde vayas, siempre estoy contigo.
Mi *fidelidad* continúa a lo largo de todas
las generaciones.

Abrazos,
Dios

Extraído de 1 Juan 3:1; Salmo 139:1-18;
Romanos 8:38-39; Salmo 119:90

Algunos diccionarios definen a un diario como «un registro de todos los días», pero cualquier niña sabe que un diario es mucho más. Un registro de todos los días es una agenda, un calendario o algo por el estilo, pero eso no es un *diario*.

Un diario está lleno de sueños placenteros, de encuentros emocionantes y de conversaciones cautivantes que no todos pueden escuchar. Un diario tiene una llave pequeña que debe esconderse de los hermanos menores. ¿En qué pensaba el que definió a un diario como «un registro de todos los días»? ¡No debe haber tenido su propio diario!

¿Sabes que aunque jamás hayas escrito una palabra acerca de tu vida, igualmente ha quedado todo registrado?

mensaje de inspiración

Tu madre y tu padre han registrado con esmero cada acontecimiento en sus mentes, desde los viajes al campo hasta las bodas. Es un poco inquietante pensar que alguien sabe casi tanto de ti como tú misma, pero también es un poco reconfortante.

Es agradable que te conozcan tan bien y que te amen por todo lo que eres: por las cosas buenas y las malas. Sin embargo, habrá cosas en tu vida que tus padres nunca sabrán. Aparte de ti, existe solo una persona que lo puede conocer todo: Dios. En realidad, Él escribió en tu diario antes de que hubieras nacido y de tanto en tanto lo abre con la pequeña llave que guarda cerca de su corazón y continúa escribiendo los capítulos de tu vida.

Dios ha visto tu película: la historia completa de toda tu vida... y *te* ama.

Sheila Walsh

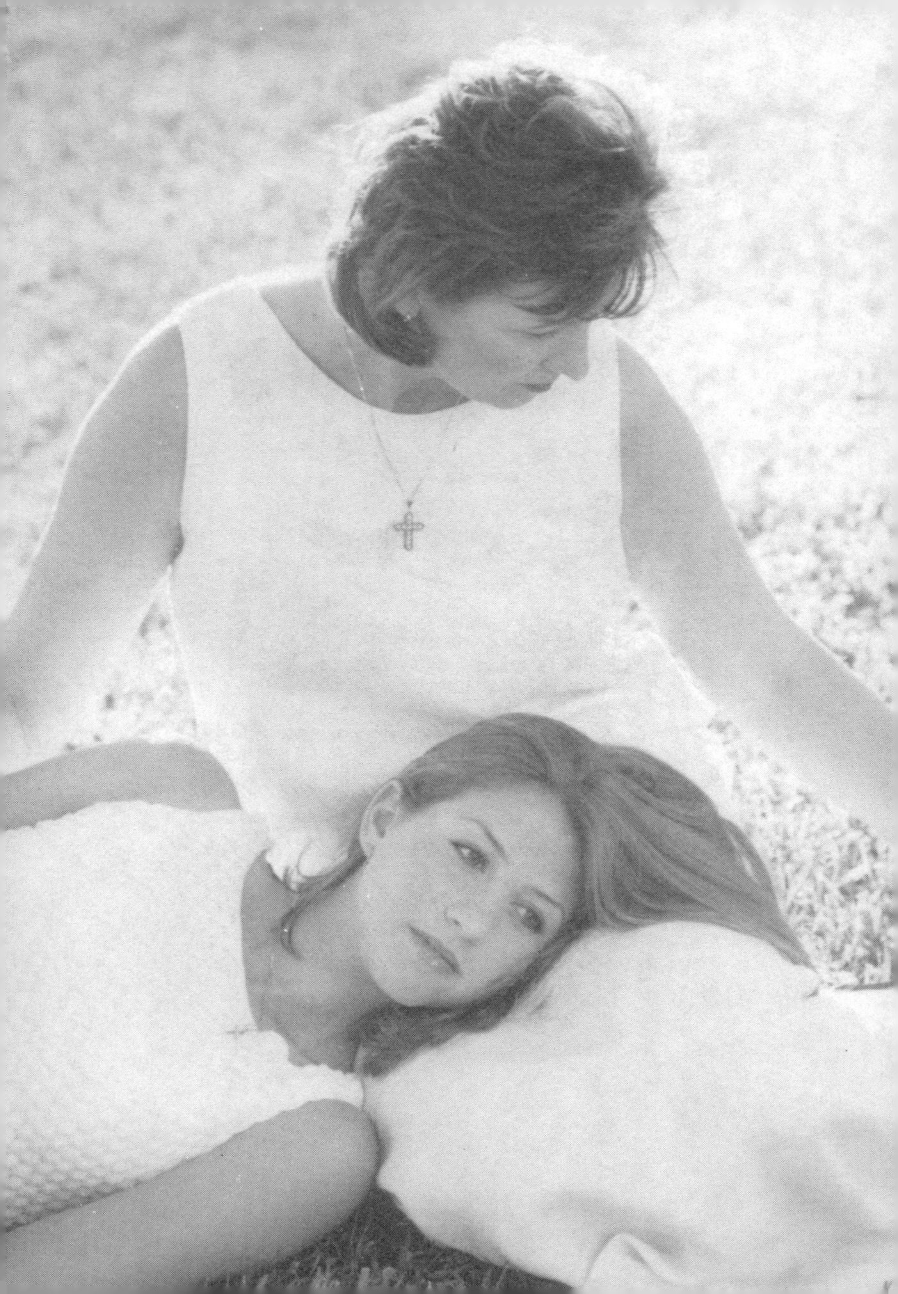

El avión de reacción en el que viajaba era el vehículo que llevaba a cabo uno de los sueños de toda su vida, y también era una confirmación de que Dios sigue moviendo montañas.

Para Rusia con amor

Leticia miró por la ventanilla del avión y vio un gran mar de cielo azul brillante y nubes blancas y algodonosas. Una combinación tan sencilla llenaba todo de majestad y paz. *¿Adónde se encontraban los aviones en el plan supremo de Dios para la humanidad?*, se preguntó Leticia. *¿Habrá puesto sus diseños en la mente de nuestros antepasados para viajar o para confirmar su grandeza?*

A ella, cualquiera de las dos respuestas la ponía feliz. El avión de reacción en el que viajaba era el vehículo que llevaba a cabo uno de los sueños de toda su vida, y también era una confirmación de que Dios sigue moviendo montañas. Leticia se dio vuelta para mirar a su madre, Patricia, que se encontraba bien acomodada leyendo un buen libro. Su madre era una lectora ávida. Cuando no leía un libro, escuchaba la lectura que alguien le había grabado en

El diario de una hija

un casete. Como consecuencia, Patricia dominaba las preguntas y respuestas. Leticia siempre le hacía bromas diciéndole que sería una buena participante de los programas televisivos de ese tipo.

—Patricia Gutiérrez: Rostov del Don —le dijo Leticia a su madre imitando a la anfitriona de uno de esos programas.

Patricia sonrió y respondió:

—Nombre de la ciudad en Rusia donde la niña más hermosa espera a su madre.

—Buena respuesta —dijo Leticia.

Era la mejor respuesta. Leticia se encontraba en camino para ir a recoger a la bebita que pronto adoptaría, así que no pudo dejar de sonreír. Siempre había creído que llegaría este día. Lo que no se había imaginado era que implicaría un viaje a la otra mitad del mundo.

Los problemas de Leticia comenzaron cuando solo tenía catorce años. Tenía dolores menstruales tan severos que debía faltar a la escuela durante tres días cada mes. El médico, al final, les aconsejó a los padres que la histerectomía sería la única solución. Patricia y su esposo habían sido torres de fortaleza para su hija, pero no pudieron evitar la sensación de pérdida al pensar en los nietos que nunca tendrían.

Al pasar los años, Leticia trató de no pensar demasiado en su dificultad. Disfrutó de los años de escuela secundaria al igual que sus amigas; las tendencias de la moda y los novios eran el principal tema de conversación de las fiestas de pijamas. Solo tarde por la noche, Leticia conversaba con su madre acerca del temor que sentía de decirle al hombre que se fuera a casar con ella que no podría darle hijos. Patricia la abrazaba y le recordaba la historia de Abraham e Isaac, cuando este le preguntó a su padre adónde estaba el cordero para el sacrificio.

—Aquí tenemos el fuego y la leña —continuó Isaac—; pero, ¿dónde está el cordero para el holocausto?

—El cordero, hijo mío, lo proveerá Dios —le respondió Abraham.

«Dios proveerá para ti también», le decía Patricia a su hija. Leticia conocía el final de la historia de Abraham e Isaac. La había leído muchas veces, pero su historia no estaba escrita en ninguna parte. Aunque confiaba en Dios, pasó los años de su adolescencia pensando en cómo se escribiría ese capítulo de su vida.

La madre de Leticia tenía razón. Su hija se casó con un hombre maravilloso tres años mayor que ella. Comenzaron a salir cuando Leticia cursaba el segundo año en la universidad, y él le propuso matrimonio durante el último año de estudios. Raúl provenía de una familia grande, así que el temor de Leticia siempre fue pensar en la noche en que tuviera que decirle lo que les depararía el futuro.

«Adoptaremos», respondió él enseguida.

El diario de una hija

En ese momento, Leticia supo que él era el hombre con el que deseaba pasar el resto de su vida. La hermosa boda se realizó el verano luego de graduarse de la universidad.

Cuando llegó el primer aniversario, Leticia supo que había llegado el momento de comenzar a buscar una buena agencia de adopción. Raúl estuvo de acuerdo y le sugirió que comenzara por Internet. Parecía demasiado fácil. Ambos agradecieron a Dios por vivir en esta época de fácil acceso al mundo entero. Pronto se hizo evidente que lo más rápido sería optar por una agencia de adopción internacional, así que escogieron una en Nueva Jersey.

Las cosas sucedieron con rapidez y, casi sin darse cuenta, Raúl y Leticia se encontraron viajando hacia Moscú. De Moscú volaron a Rostov del Don, donde finalmente iban a conocer su hija.

—¿Te parece que tendrá el cabello rubio? —susurró Raúl después de que los saludara una aeromoza rubia, un taxista rubio y, ahora, una directora rubia en el orfanato.

—No me importa el color de su cabello —le contestó Leticia en un susurro—. ¡Lo único que quiero es llevármela a casa!

Los dos le sonrieron a la directora mientras los conducía hacia el orfanato número tres. Les habían dicho que era uno de los mejores. Leticia se había preparado para lo peor, pero se sorprendió al ver lo limpia y prolija que se encontraba la habitación. Había quince cunitas alineadas contra la pared. La mujer que cuidaba a los bebés era muy protectora y los bebés se veían bien alimentados y felices.

Luego los condujeron hasta la oficina de la directora, donde los aguardaba un traductor para ayudarlos con las negociaciones. Casi de inmediato, apareció una mujer con una niñita rubia de ojos azules.

—Parecerá una más de la familia —les dijo el traductor a Leticia y a Raúl.

Raúl y Leticia se quedaron mirándola con temor de moverse. Temían que si lo hacían, la niña desaparecería.

—Pueden tomarla en brazos —dijo el traductor.

Leticia extendió los brazos y con suavidad la atrajo hacia sí. Esta era su niña. Lo sabía. Aunque la bebita no la miró a los ojos, tampoco lloró, y Leticia sintió un apego inmediato a ella.

La rusa hizo una seña indicando que tenía que devolver a la niña. Leticia se la dio de mala gana, pero no sin antes besarla y decirle que pronto volvería a verla. El traductor prosiguió diciendo que tendrían que quedarse una semana para trabajar en los papeles de la adopción. Solo podrían ver a la bebita una hora en toda la semana. Leticia y Raúl se miraron sin poder creerlo, pero sabían que se encontraban en terreno extranjero y que tenían que seguir las reglas del lugar.

El diario de una hija

El papeleo y las excursiones llenaron la semana, y al acercarse el momento del vuelo de regreso, llamaron a su casa para decirle a la familia el día que llegarían. Sin embargo, el día antes de la partida, les dijeron que tendrían que volver por su hija en otro momento. El papeleo llevaría otros dos meses. Con lágrimas en los ojos abordaron el avión de vuelta a casa. A pesar de que no tenían a su hija en los brazos, sin lugar a dudas estaba en sus corazones. Sabían que volverían.

Ahora, Leticia se encontraba de vuelta en camino hacia Rusia. Raúl no pudo tomarse más días de vacaciones, así que Leticia le pidió a Patricia que la acompañara. Patricia, una madre que siempre había estado junto a su hija mientras el sueño de tener un bebé seguía su curso, ahora estaría a su lado cuando el sueño se hiciera realidad.

Patricia tenía razón: Dios había provisto.

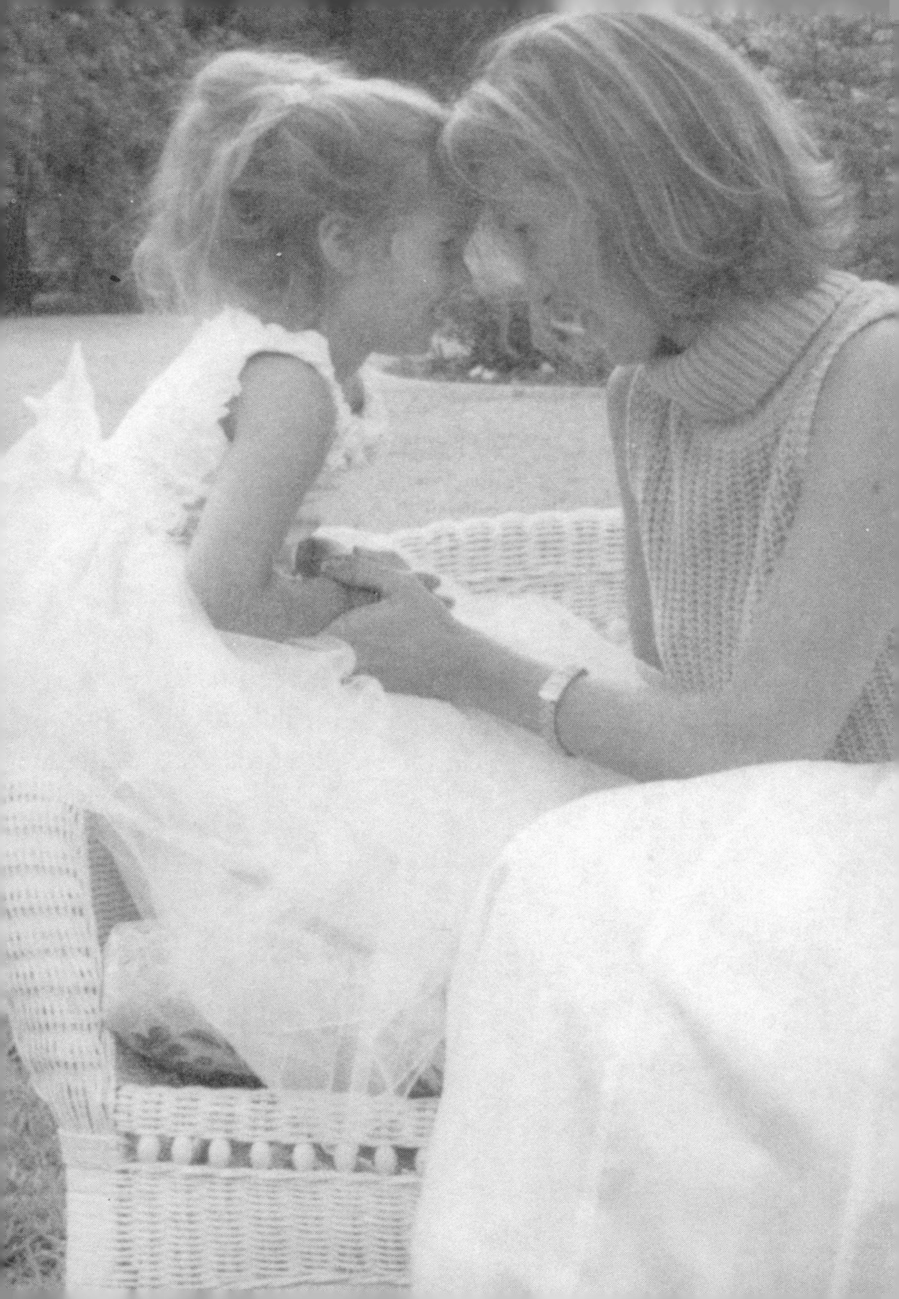

devoción

devoción

capítulo siete

La devoción de una hija

Mi amada hija:

Los problemas y las angustias son componentes *garantizados* de la vida sobre esta tierra.

Aun así, ten *confianza*,
jamás te dejaré ni
te abandonaré,
pase lo que pase.

Yo mismo voy delante
de ti y estoy contigo.
Soy tu *ayudador;*
puedes estar segura
de que satisfaré fielmente todas tus necesidades
conforme a mis *ilimitadas* riquezas en gloria.

Con devoción,
Tu Dios excelente

devoción

Extraído de Juan 16:33; Hebreos 13:5-6; Deuteronomio 31:8;
Filipenses 4:19.

¿*Cuál* es tu tarea como hija? ¿Cuáles son tus responsabilidades? ¿Lavas los platos después del almuerzo? ¿Te ocupas d[el] lavado de la ropa? ¿Es una de tus tareas limpiar el baño? En algú[n] momento de tu vida, cuando tenías entre cinco y seis años de edad[,] tal vez te dieron una tarea o dos para que ayudaras en la casa, y a[l] enjabonar cada plato y doblar cada toalla, aprendiste lo que quier[e] decir ayudar.

Es probable que esos recuerdos no sean tus favoritos. Si[n] embargo, sabes que tus padres se sacrificaron por ti y que neces[i]tas devolverles lo que han hecho. Sientes tanta devoción haci[a] ellos como ellos la sienten hacia ti.

A medida que envejezcas, tus tareas cambiarán. Ya no l[e] lavarás los platos porque tendrás que lavar los tuyos. No [te] ocuparás del lavado de su ropa porque tendrás tu prop[ia] ropa para lavar; pero tu devoción y amor hacia ello[s]

mensaje de inspiración

hará que los visites el fin de semana para ver cómo están. Los invitarás a cenar o llevarás a tu mamá al salón de belleza. A lo mejor les pintes la casa o plantes un cantero de pensamientos.

Entonces, algún día, cuidarás de ellos como ellos cuidaron de ti. Es probable que alguno de tus padres necesite algún día todo el cuidado que requiere un recién nacido, y tú estarás a su lado para hacer lo que haga falta. Lo harás porque eres una hija devota y la hija de un Dios de amor que nunca te ha abandonado y nunca lo hará.

¡Qué ejemplo tan grande nos da Jesús como un hijo cuyo corazón obediente lo llevó a dejar su hogar y a su Padre para venir a liberarnos! Si Él pudo hacer eso por su Padre, ¿qué puedes hacer tú por los tuyos?

Solo Dios sabía lo que era mejor para mí, en qué lugar del mundo encajaría mejor. Y confié en que él alineara *mis* sueños con los suyos.

Heather Whitestone

© Foto de Lamar

La parte de la relación madre-hija entre ambas había quedado asegurada años atrás, pero la hora del té fue lo que selló su amistad.

¿Alguien más quiere té?

¿*Cómo te preparas para quedar huérfano? Me pregunto si existe un libro que hable acerca de vivir sin tus padres. Si lo hay, ¡supongo que no está dirigido a adultos de mediana edad!* Marcia meditaba en estos pensamientos mientras mullía con suavidad las almohadas de su mamá y acomodaba el estante que contenía toda la artillería de medicamentos que su madre necesitaba para sobrevivir cada día. *Muy bien, tal vez yo sea la que escriba ese libro. Veamos... este podría ser el título:* Dejados atrás. *Ay, ese ya lo usaron. Muy bien, seguiré pensando. ¡Tal vez necesite dejar de pensar! ¡Estoy comenzando a hablar sola!* En verdad, Marcia estaba preocupada y, algunos días, la consumía exactamente esa idea: que la dejaran atrás.

Su padre falleció diez años atrás de un ataque súbito al corazón. Marcia se quedó desconsolada. No obstante, el

La devoción de una hija

tiempo había ayudado a curar su corazón, y su propia familia la había mantenido tan ocupada que logró superarlo mejor de lo que pensaba. Aun así, las cosas cambiaron en diez años. Sus hijos crecieron. Dos de ellos estaban casados y tenían hijos; el tercero estaba satisfecho de vivir a cinco horas de la ciudad. Sus cuatro nietos, una continua fuente de alegría, ahora estaban en la escuela y requerían menos de su tiempo y atención.

Su esposo, Roberto, todavía seguía muy ocupado con su negocio de bienes raíces. En los últimos diez años, su compañía había crecido con tanta rapidez que se veía obligado a pasar más tiempo en la oficina. A Marcia, esto no le molestaba en absoluto. Más bien sabía que su esposo trabajaba duro para preparar el futuro de ambos cuando llegara el momento en que deseara bajar el ritmo de vida. Tal vez, unos diez años más, le había dicho hacía justo una semana en un momento en el que estaban acurrucados juntos un sábado por la mañana.

Marcia había analizado la vida muchas veces a lo largo de los años y había llegado a la conclusión de que quizá todos vivan ciclos de diez años. Diez años es tiempo suficiente como para cambiar cualquier cosa: puede cambiar una casa que necesita reparaciones y convertirla en una nueva. Diez años pueden transformar un matrimonio con problemas en uno excelente, o uno excelente en uno desastroso. Diez años es tiempo suficiente para darle forma al futuro de un hijo o al futuro de todo un país. El período entre los cuarenta y cinco y los cincuenta y cinco años cambió, sin lugar a dudas, la vida de Marcia.

Durante el último año había cuidado con ternura a su madre a la cual le habían diagnosticado cáncer dieciocho meses atrás. Al comienzo, los médicos dieron esperanza, pero ahora (incluso después de realizar quimioterapia y radiaciones), los exámenes mostraban que el cáncer no disminuía.

Al principio, Marcia simplemente negó toda esta situación. Los médicos estaban equivocados. Los exámenes estaban equivocados. Todos estaban equivocados. Mamá estaría bien. Marcia hizo todo lo que pudo por mantener las cosas tal como estaban. Insistió en que su madre se quedara en su propia casita, donde tenía amigos y un jardín, y Marcia iba todos los días para cuidarla. Aunque, con el tiempo, la realidad se hizo ineludible y Marcia vio con sus propios ojos lo que los exámenes habían tratado de decirle. Su madre no estaba bien. Estaba muy enferma y la vida nunca sería la misma.

Una vez que aceptó la verdad del cáncer, se sorprendió al descubrir que estaba enojada. Era difícil entender por qué la profesión médica no podía resolver el problema. En algún sentido, hasta le echaba la culpa a su madre. Y solo

La devoción de una hija

porque su madre siempre resolvía cualquier otro problema al que se enfrentaba. Se supone que las madres tienen que estar en condiciones de resolver las cosas, pero no podía resolver esta, y Marcia estaba un poco molesta al respecto. Por supuesto, esta emoción no duró mucho tiempo, y Marcia se volcó de lleno a la tarea de cuidar a su madre. Le pidió que se mudara a la habitación para huéspedes que tenía en su casa y ella así lo hizo. Los médicos habían dicho que viviría solo unos seis meses más, pero ya hacía un año que estaba con ellos.

La bendición de este tiempo adicional es una victoria, ¿no es así? Marcia lanzó esta pregunta que no iba dirigida a nadie en particular. Un año adicional, sí, eso era una victoria.

Pero, ¿por qué no siento que es una victoria?

—Marcia —la llamó Beatriz.

—Sí, mamá, ya voy. ¿Qué necesitas?

—Marcia, cuando tengas tiempo, me gustaría tomar un poco de té caliente.

—Enseguida te lo subo —dijo Marcia, tratando de imitar a una mesera de las casas de té.

Era un ritual matutino del cual habían disfrutado durante los últimos diez años. Cuando Marcia se jubiló como maestra, descubrió que estaba tan acostumbrada a salir de la casa por la mañana que decidió ir a tomar el té a la casa de su madre tres mañanas a la semana. Por supuesto, había semanas en las que Marcia no podía cumplir con las tres mañanas, y había mañanas en las que tenían que conformarse con quince minutos en lugar de una hora. Lo maravilloso del caso es que nunca se sintió «obligada» a visitar a su madre. Iba porque era un placer ver a una amiga, su madre.

Marcia pensaba que esas dos palabras sonaban muy extrañas al decirlas juntas. Mi madre, mi amiga. Recordaba una escena de su adolescencia cuando discutió con su madre porque no la dejaba ir a una fiesta. Marcia le había rogado que aflojara un poco y la dejara ir a más fiestas. Beatriz le dijo que su primera tarea era ser madre. Dijo que tenía los pies en dos cajas. En una decía «mamá» y en la otra decía «amiga». Beatriz le explicó: «Prefiero mantener los pies en las dos cajas, pero de vez en cuando necesito poner los dos en la que dice "mamá". Sin embargo, puedo asegurarte que, hasta que crezcas, mis dos pies nunca estarán juntos en la caja que dice "amiga"».

Marcia meneó la cabeza al recordar las palabras de su madre y luego recordó cómo también ella las había usado con sus propios hijos.

Mientras vertía el agua en la tetera, se dio cuenta de cuánto habían significado para ella los últimos diez años. La parte de la relación madre-hija entre ambas había quedado asegurada años atrás, pero la hora del té fue lo que

La devoción de una hija

selló su amistad. La mente de Marcia se remontó a las muchas conversaciones acerca de recetas y de peinados. No podía evitar preguntarse frente a quién haría alarde de sus nietos cuando su madre se hubiera ido. Y tenía la seguridad de que nadie sería capaz de entenderla cuando elogiara a su hermano o se quejara en su contra.

Solo una madre entiende algunas de las cosas que siente una hija. No hay nadie que la reemplace, llegó a la conclusión Marcia mientras terminaba el té y lo vertía en una de las tazas de porcelana blanca con motivos azules pintados en el borde superior. A su manera, Roberto se unió a estos momentos de té al proporcionarle a Marcia el deleite de tener una colección de tazas de té para todas las ocasiones imaginables. Marcia le hizo una broma diciéndole que estaba en contacto con su lado femenino más de lo que él estaba dispuesto a admitir. Él sencillamente levantó su masculina taza de café y dijo: «Gracias», en un tono de voz más grave que lo normal.

—Todo listo —dijo Marcia al entrar a la habitación de su madre. Abrió las cortinas dejando entrar un día glorioso. El sol brillaba y el aire cálido de abril en Louisiana ya había templado el frío de la habitación.

—Mamá, tal vez esta tarde podamos sentarnos afuera. Por supuesto, si te sientes con deseos de hacerlo —comentó Marcia.

—Me gustaría —contestó la madre.

Marcia sabía que cuando llegara la tarde, Beatriz no se sentiría como ahora, pero soñar un poquito no hacía mal. Acercó una silla a la cama de su madre y se acomodó para pasar estos preciosos momentos con la mujer que la había amado más que cualquier otra.

La besó en la frente y le dijo:

—Gracias, mamá, por no sacar nunca los pies de esas dos cajas.